寻找可能性

薄景昕教育评论选

薄景昕 ◎ 著

长春出版社

全国百佳图书出版单位

图书在版编目（CIP）数据

寻找可能性：薄景昕教育评论选 / 薄景昕著.
长春：长春出版社，2025.1. -- ISBN 978-7-5445
-7608-6

Ⅰ.G4-53

中国国家版本馆CIP数据核字第202403AJ72号

寻找可能性——薄景昕教育评论选

著　　者　薄景昕
责任编辑　闫　言
封面设计　宁荣刚

出版发行　长春出版社
总 编 室　0431-88563443
市场营销　0431-88561180
网络营销　0431-88587345
地　　址　吉林省长春市南关区长春大街309号
邮　　编　130041
网　　址　www.cccbs.net

制　　版　长春出版社美术设计制作中心
印　　刷　长春天行健印刷有限公司

开　　本　880mm×1230mm　1/32
字　　数　200千字
印　　张　9.25
版　　次　2025年1月第1版
印　　次　2025年1月第1次印刷
定　　价　59.80元

目　录

复杂性理论对生态课堂的理论建构

题记：如果你捡起一块石头，把它抛向空中，它会形成一条漂亮的抛物线落下。但是，如果你向空中抛一只小鸟，它会飞向树林里，因为小鸟处理了它接收的信息。

——朗顿（"人工生命"学科的开创者）

随着课堂教学改革的不断深入，生态课堂也许会成为真正充满生机与活力的课堂。但是生态课堂的理论基础还可以继续拓展，复杂性理论可以为生态课堂理论建构增加动力，夯实生态课堂实践的理论根基，彰显生命的复杂性和适应性。本文中，复杂性理论将生态课堂视为一个开放性系统，指引它走一条非中心非边缘的混沌思路，提供解构人与人之间线性相互作用的新机制，把人还原到一个涨落因子中去，使人无须追问现象的意义到底来自哪个基点，尽显个体人的真实自然状态，最终以自组织方式促进生态课堂的和谐发展。在教育生态学理论和过程哲学以及环境理论之余，复杂性理论是在爱因斯坦相对论和量子力学之后出现的一个后现代科学理论，本文试将其作为生态课堂的一个新理论基础。

生态课堂和传统课堂教学模式的根本不同在于它不再是以知识为本的教育而是完全致力于以人为本和不断创新知识的文化教育观下的新型课堂。它在实践层面的形式是多样的，如转化师生关系的"平等和谐"课堂，突出学生主体地位的"生本"课堂，还有优化课堂环境、提高学习效率的"高效"课堂，等等。

传统课堂以崇尚科学知识和奉行工具主义为理论前提，将科学主义教育观作为学校教育目的的合理性依据。课堂教学被认为是有客观规律可循的、具有确定单一因果关系的科学事件，师生的教学和学习任务只是传承知识。在行为主义心理学理论支持下，课程设计的工业模式被引入课堂教学设计中。博比特、查特斯和泰勒以及布鲁姆等人提倡的目标教育模式成为教学论知识的典型。它认为课堂教学的一切都是可控的和可数量化的标准事件，教材成为师生开展教学活动的"圣经"。学校中的所有人都成为制度化教育这部大机器的组成部分，在科层制面前失去被信任的余地。鲜活的复杂性使个人被加工与规训成各种规格和功能的"智力机器"，结果必然使人慢慢丧失作为人的与生俱来的生命活力。"背诵和记忆成为基本的学习活动方式，教材夺走了学生思想的空间和看问题的'眼光'以及批判的勇气、探索的自由、生命的感悟和儿童本有的灵性。"①

①郭晓明：《课程知识与个体精神自由——课程知识问题的哲学审思》，北京：教育科学出版社，2005年版，第146页。

教材作为本该由教师和学生支配的工具反而支配着师生，使教师和学生被迫成为教材的附庸。支配型的教材必然导致支配型的教育生活，并使以人为本的教育无从谈起。教学的目标、方法、内容、媒体、组织、评价和时间与空间等成为固定的教学要素，学校教育者离开这些刻板概念根本无法谈论教学和课堂学习。

生态课堂对传统"填鸭式"课堂教学模式的批评集中在一味注重教材和考纲，追赶统一的教学进度、统一的答案并追求考试的分数，大搞题海战术，以考代学，魔鬼式地训练单一学科，人为制造了大量不合规格的学生，导致学生失去学习兴趣和自主性，逐渐陷入"望学兴叹"的深深的无奈之中。但生态课堂对传统课堂模式的批评尚未能颠覆传统课堂教学理论的根基而建立起属于自己的课堂范式。要使生态课堂的前路更加光明，一定要不断加固、拓展自己的理论基础。

复杂性理论对生态课堂的理论建构体现在四个方面：开放性的自主学习环境、非中心非边缘的师生交互理念、非线性的师生教学作用机制和非还原论的自组织进化理念。一一论述如下：

一、复杂性理论要求生态课堂建构开放性的自主学习环境

开放性一定是对封闭性的解构。要将复杂性理论引入到课堂教学研究中，必须确认课堂教学是复杂的开放系统，人的学习活动也是一个开放系统。生态课堂就是以开放性系统为目标而建立的，是一种自主、有机的课堂建构理论。只有作为一个开放性系统的生态课堂才能"把认识对象加以背景化来反对在

封闭系统中追求完满认识"。①传统的课堂模式就是一种在封闭系统中追求完满认识的产物。这种完满认识的设定必须有一个前提，这个前提还需要有一个有限的限定，而这个有限限定由教师提供。开放性则取消了对这个前提的限定。当课堂是一个开放系统时，其结构会自然生成一个意义。这个生长出来的意义不仅有海德格尔诗意栖居的浪漫和美，更蕴含着思想范畴的解析和理论阐释。复杂性理论的开放性给生态课堂提供了这样的一个理论描述。

作为课程与教学整合的课堂是学校教育教学的第一线和主战场。在传统知识传递的教育观中，课堂是老师向学生传授知识和学生接受知识的"信息传递与记忆"场所。无论教师还是学生，作为一个开放的生态课堂中的一个个活动主体都与他们所处的环境发生相互作用，所以生态课堂的边界是不断变化的和动态的，正如西利亚斯所说"系统的范围并非自身的特征而常常由对系统的描述目标所决定"。②学生在这样的系统中轻松开放，身心愉悦，在开放的学习氛围中主动探究、相互交流、和谐有序地获取知识。

开放性的课堂，教与学处在同等地位，没有人急于去教什么，而是教者首先要激发出学习者内在的学习兴趣，然后才是为了更好地学而发出的有效果的教。开放性系统非但使人的主动性和合作意识发生并且不断增长，而且随着人的适应性提高而提

---

① 普里戈金、斯唐热：《从混沌到有序——人与自然的新对话》，上海：上海译文出版社，1987 年版，第 42 页。

② 保罗·西利亚斯：《复杂性与后现代主义——理解复杂系统》，上海：上海世纪出版集团，2006 年版，第 6 页。

高，课堂环境以及整个复杂系统也发生进化。

如何保证复杂性理论规划的生态课堂运转的可行性，如何解构传统课堂教学模式，如何面对校长、教师和学生以及家长的压力，如何调动学生和教师参与生态课堂建构的积极性，如何统一"无序"和"有序"，如何让每个学生在课堂上学到自己想学的东西，而不是教师抛给的知识。在课堂教学实践中，迫切需要成功案例的范式转化。复杂性理论建构的生态课堂并非提供一个固定的课堂教学范式，而是渴望在建构过程中生出一种对封闭系统解构的开放性本能。它寓于每一个人的生命潜能之中，等待被生态课堂这一有机环境所唤醒与激活。

二、复杂性理论为生态课堂提供一种非中心非边缘的师生交互理念

复杂性理论的出现致使心灵与外界的区别不复存在。对初值的敏感性是混沌的一种解释，如"蝴蝶翅膀的扇动在地球的另一方引发风暴的比喻，是描述对于初始条件的敏感性的一个很妙的比喻，但是我感觉到它也引起了太多的混乱，应该完全弃而不用"。[①]但这种混乱蕴含着无限的可能性。这启发我们回复到一个非中心主义的可能，即课堂不以教师为中心，也不以学生为中心。混沌理论给生态课堂提供一种非中心非边缘的有利于创新的思路，它打开一种尊重个体及其差异的新局面。个

---

①保罗·西利亚斯：《复杂性与后现代主义——理解复杂系统》，上海：上海世纪出版集团，2006年版，第3页。

体可以在外界环境的变化中自我调整，对所发生的事件主动反应，积极地将周围发生的一切朝着对自己有利的方向转化。这可以保证生态课堂中的每一个个体既有自我，又不离开整体。

生态课堂中每一个个体或群体都有平等的权利并体现在每个个体的活动都成为一次涨落，当它处于远离平衡的边缘与非线性状态时导致自组织现象出现。这一过程中没有任何人为的策划、组织与控制，只有大量的个体间涨落的非线性相互作用与复杂适应性影响。

教师是生态课堂的积极策划者，其生态位要从传统的中心位置走向边缘，从前台位置走向平等者中的首席，从而确立每一位学习者的主角地位以及与其他生态因子间的适应性关系状态。个人自组织表达（智力、情感力、意志力和道德力的个人整合）相互适应并交织构成"教育生态场"。"生态场"中没有人身依附关系只有平等的竞争合作关系。生态课堂的"情感温度"表达出主体间的平等、友爱关系并逐渐去掉他组织，实现自组织。交互理念既反对"学生中心论"又反对"教师中心论"，主张非中心非边缘的"问题中心论"与"对话中心论"。"教育生态场"的适应性循环构成课堂教学生态链，包括物质、能量和信息链。对话时产生各生态主体间的主体间性，让问题引领对话和促进适应性循环。公平竞争、真诚合作、互相关爱、平等沟通、对话与交流。

生态课堂中的每个个体都是货真价实的主体，都有各自平等的权利方式，都享有平等的尊严权、话语权、学习权、快乐权、发展权和个性差异权。生态课堂彻底转换"考教合一"的教学思维方式，真正树立知识和技能为现实的人服务，课本和老师及考试为学生快乐健康成长服务的以人为本的文化教育观。它让每个人都成为学习的发动机，改变"教师掌控全程，学生无暇个人化学习与思考"和"课堂与我无关"等消极被动状态。正如莫兰所说，生物组织以及社会组织的"高度复杂性表现在它们同时是无中心的（也就是说以无政府的方式通过自发的相互作用运转）、多中心的（即拥有几个控制和组织的中心）和一中心的（同时还不断生成一个最高的决策中心）"。①

在基础教育中建构新理念是非常困难的事，除非有敢于创新的学校领导支持，否则只能停留在一场理论探讨上。生态课堂的实施首先要改变校长的观念。简单化思维最难改变，它直接、线性和急功近利。引介复杂性理论的目的是改变简单性思维。但是家长、校长和老师如何达到复杂性理论的要求，弱化商业利益和人人都有的功利主义思想？实际操作是实践中的重要问题，这是论文背后沉重的思考。要恢复科学知识为人类服务的地位，必须树立生活世界的文化教育观，必须放弃科学主义教育观，采纳人文主义，关注人的情感和信仰及每个人的主观倾向，促进每个人多元智能协调发展与个性化发展。

三、复杂性理论要求生态课堂建构一个非线性的师生教学作用机制

传统课堂教学理论建立在科学技术理性的基础上。科技理

---

①埃德加·莫兰：《复杂思想：自觉的科学》，北京：北京大学出版社，2001年版，第141页。

性的结晶之一是传统进化论，一种线性的单向思维。线性思维预设出一条道路，却不是"通道"而只是"跑道"，它堵塞了无限的多种可能性，只追求一种单向无限性。在复杂性理论中，事物运动与发展背后都有由若干变量构成的错综复杂的动力结构。生态课堂教学不是线性的，也不是螺旋上升的，而是非线性交互作用及多向建构的递归过程。系统的每个因素都有可能通过涨落因子发挥作用并改变动力结构，实现耗散结构的自组织。

20世纪40年代，贝塔朗菲提出系统论思想时，主要从批判还原论出发过分强调整体性原则，以致忽略了系统构成要素的积极作用，提出系统通过"中心化"而形成一个"愈来愈统一"的"个体"。[1]这一认识局限性被圣菲研究所提出的"混沌的边缘"原理所超越。混沌的边缘认为"复杂适应系统在有序与无序之间的一个中间状态运作得最好"。[2]复杂适应系统是一些多元的或多主体的系统，大量主动性的个体积极地相互竞争和合作，在没有中央指挥的情况下，通过彼此相互作用和相互适应形成整体有序状态。圣菲研究所发现复杂系统有适应性特征，能够从经验中提取有关客观世界的规律性作为自己行为方式的参照，并通过实践活动的反馈来改进自己对世界规律性的认识。复杂系统不是被动地接受环境的影响而能主动地对环境施加影响。复杂性理论主

---

①贝塔朗菲：《一般系统论》，北京：清华大学出版社，1987年版，第66页。
②盖尔曼：《夸克与美洲豹：简单性与复杂性的奇遇》，湖南：湖南科学技术出版社，1999年版，第364页。

要研究主体的复杂性，如主体复杂的应变能力及相应的复杂结构。学生的大脑是复杂系统,学习活动是复杂系统的适应性行为。课堂学习环境越是充满挑战和不确定性，就越能够提升人脑的学习质量和创新水平。这时人脑的复杂性处于快速进化状态。

考察偶然性结构的历史，无论是早期的贝塔朗菲还是圣菲研究所，不难从中看到对简单进化论线性思维的超越。复杂性理论相信：偶然性才是历史的进程。人无法预设自然的状况，而应该把自己放到一个涨落因子中去，这样我们才能达成一个有效而又真实的自然状态。

复杂性生态课堂的自然状态是：自治、民主、活泼、有序。课堂上经常开展协商与对话式的研究。所有人都积极行动，进步的先后顺序不一，但都力争先行，并帮扶后行。课堂中的每个人对待任何人或事都有自己的观察视角、感受以及观点和独立的见解；每个人都有自尊，肯定自己，相信自己，关注自己的内心世界，将各自的知、情、意、行构成一个整体；每个人都懂学习，将思考和行动结合，从错误中改进，关注自己的兴趣爱好等内在需求和外部压力之间的调节，善于总结和评价；人人能提问，在生活中和学习上处于积极主动状态，发展变化状态，随时提出许多问题；个个重品德，胜人者力，自胜者强。

品德重在自我调节，平等善待他人和自己，人际关系和谐，个人智慧觉醒，人格力量增大，个性趋于成熟。所有人彼此激励自主学习，为自己、为他人找优点、说长处，不挑刺、少责难。师生营造"情感温度"不断上升的生态课堂氛围，养成"整体优先于局部"的整体性、复杂性思维方式。

工业文明下的学校教育和课堂教学以近现代科学为基础，它默认知识是客观的，人脑以线性方式加工信息。传统课堂教学模式遵奉教材和考纲、制订统一的教学进度、统一的考试答案并崇拜考试的满分，敌视和仇视错误，剥夺学生学习兴趣和自主性。传统课堂是"非生态的"。

杜威开始挑战这一传统，提出"学生中心论"对抗"教师中心论"。后来的建构主义教育思想源于维果茨基和皮亚杰，他们发现了学生的发展潜能，如最近发展区和儿童认知结构的质变。加德纳的多元智力论认为每一个学生的智能都是多元智能的组合。知识的意义靠学习者个人建构，也需要在交往中社会建构，绝非搬运客观知识的固定意义。这是对笛卡尔近代科学观和真理观的挑战，使"人大于真理，还是真理大于人"重新成为一个问题。简单思维和复杂思维在此展开斗争。笛卡尔的方法奠基还原论，牛顿定律排除时间因素。这是典型的局部决定整体的"局部优先于整体"的简单思维方式。原子论和还原论结合起来就是线性科学理论，它的宇宙框架是有序、必然、规律，单一因果决定论。它误以为人可以依据科学知识为所欲为，并导致自然的祛魅。

近现代科学极力要将人的情感、信仰和主观性驱逐出科学领域，客观上要把人变成智力机器。实际上科学根本不管人的情感和欲望，将它们和真理对立起来。用二选一的简单思维方式认识问题，无论选人还是选真理都不正确。后现代科学的复杂性理论给出新答案：真理和人是兼容的而非对立的，解构"单一中心论"才有出路。人中有真理，真理中有人，错误和真理相伴而不可分开，两者之间有临界点。系统在临界点上保持动态的平衡，才能实现复杂性的有机进化。

四、复杂性理论为生态课堂提供了非还原论的自组织进化理念

复杂性理论打破从牛顿力学以来一直统治和主宰世界的线性理论，抛弃还原论适用于所有学科的"科学迷信"，创立新的理论框架或范式，以新的思维模式理解人类面临的问题。复杂性理论提出生物体是"有序和无序的统一体"，人是一个复杂系统而且人脑本身就是一个巨复杂系统。教育要培养人，必须将大脑神经系统当作进化中的复杂系统对待。用复杂性理论解读每个人和课堂环境的适应关系与智能进化机制，指导个人复杂性的进化，能比多元智能理论提供更多的可操作性，为建构生态课堂注入新的后现代科学理论。

复杂性理论的核心问题是"自组织"，但"这并不意味着复杂系统包含某种形式的内部主体"，①自组织是元素之间相互作用形成的力量。普利高津发现物质进化中的自组织现象，提出耗散结构理论，即系统要保持有序的动态平衡，必须与外界环境保持物质和能量交换才可以维持系统做到这一点。有机系统都具有自组织性，系统混沌状态时处于无序状态。开放系统在远离平衡中心的边缘，在非线性作用状态，小的涨落可以导致系统产生新的秩序。这个小的涨落点便是人脑这一复杂系统创

①保罗·西利亚斯:《复杂性与后现代主义——理解复杂系统》，上海：上海世纪出版集团，2006年版，第16页。

新的开悟点，即学习知识和思考问题所能够达到的一次临界点。人脑作为一个有机系统具有自组织性。生态课堂让人体验自组织和自律，体验如何自致各自的生态位，如何独立自主学习、对话交流、增强责任感、与人合作、互相尊重，关注每个人的主观理解，使"信息生态"得以涌现，知识创造成为可能，打造文化生态系统促进个性发展，彰显每个人生命的意义与价值。

学生在课堂上的知识获得不是受外部力量驱动，就是受内部力量驱动。只有伴随好玩儿且有趣的学习才是内部驱动的。环境和学习者之间的成功整合在于调动内在需求。教师不应直接改变学生，而要在改变课堂环境时，间接改变学生，从而解构他组织。

生态课堂原则理念是生命比成绩重要，能力比知识重要，学习过程比结果重要，以赏识代替批评，用商量取代命令，借互动激发兴趣。教学目标从单纯的知识传习转变到激发每个学生的创新精神与实践能力，并实现自组织。

生态课堂是美与生命意义发展的"生态场"，必然伴随着一种"涌现"。这种涌现相当于审美的高峰体验。用复杂性理论去解读世界就规避了还原论的思路，不再追问某个现象的意义到底来自哪个基点，而是寻求相互之间的缘起理论。"一个复杂的系统不可能还原成其基本构成组分的集合，并不是因为此种系统不是由它们组成的，而是因为在此过程中会丢失过多的关系信息。"[1]这种耗散结构的"发生意义"不断地生成演变，给生态

---

①保罗·西利亚斯:《复杂性与后现代主义——理解复杂系统》，上海：上海世纪出版集团，2006年版，第14页。

课堂带来一种美妙的生命奇观。

复杂性理论作为一种后现代科学理论与生命现象密切相关。杜威《民主主义与教育——教育哲学导论》就是从对系统的分类中划分出生命系统的开始时。自主性是复杂系统的特性，但教育的前提是必须继承精神遗产。假如老师和学生无视这一点，很可能会无可救药地放任自己。为了避免这一结果，制度化教育成为现代国家的必然选择。但生态课堂的理论建构不再用教学目标、内容、方法和评价等刻板概念，也不再以"科学心理学"为自己的理论基础。高素养的人是靠科学知识与常态课堂的教学加工出来的吗？单凭掌握科学知识能成为优秀的人吗？答案显然是否定的。总之，教育的人性假设不再可能是线性无机的。复杂性理论给出全新回答并从理论根基上颠覆"常态课堂"，建构"生态课堂"。

复杂性理论对生态课堂的理论建构意义重大。它打破了传统课堂模式仅仅停留在"以教师为主体"还是"以学生为主体"这一两极对立思维定式之争上。非此即彼的简单思维引发的矛盾，在复杂性生态课堂理论里不再成为问题。复杂性理论给陷入简单性争执的课堂教学研究与实践提供了一种原创性的新思路，对生态课堂的建构与发展具有开创性意义。复杂性理论为生态课堂提供的基本理论框架以及对生态课堂所做的复杂性理论描述，对封闭系统论和形上还原论的解构，对个体存在论、非线性相互作用机制和自组织理论的寄寓等，在复杂性理论与生态课堂之间架起了一座有机的理论桥梁。它使复杂性理论与生态课堂都拥有自己未来发展的生命时空。

无论如何，中国教育的课堂教学模式必须改变知识教育观，树立生态教育观，鼎力冲破传统课堂教学模式的藩篱，做到以人为本、发展个性。唯有实现生态课堂的平等、和谐、互惠、共生，才能给中国教育带来生机勃勃的全面振兴。

面对新课标，语文的对策

题记：课程不再称作是固定的先验的跑道，而是达成个人转变的通道。

——［美］小威廉姆·E.多尔

时代呼唤语文的教育改革。21世纪的到来，人们已敏锐地感觉到新时代的气息——技术时代、知识经济时代以及主体自由发展的时代。同这个时代应运而生的新课标如和煦春风，掀开了中国基础教育课程改革的序幕。作为一名语文教育工作者，面对新课标，理应做出我们的思考和应对。

《基础教育课程改革纲要（试行）》的颁布，确立了素质教育的方向，即"以提高国民素质为宗旨，培养学生的创新精神和实践能力"。围绕这个"核心"，许多学者对此都有清醒的认识，要努力改变课程过于注重知识传授的倾向，强调课程要培养学生终身学习的愿望和能力。因此，学生如果不具备学习能力和形成必要的人文素养，只片面看重升学的结果，就与科举时代的考试制度没什么两样了。问题是现在很多学校都把学生看成是学习的机器，考试的工具，而缺乏对人的现代性培养。

我们早已形成了这样的既定思维：假如在某个场所见到一个高三学生，人们的第一反应就是这个学生到了关键时期，学习很苦很累。但接下来就会问到他模拟考试分数是多少，想考取哪个大学，而不是审视这个学生在基础教育的培养过程中，究竟形成了怎样的完满人格，身上留下学校教育的哪些影子，将来对社会贡献哪些力量。基于此，新教材的编写，特别是语文学科就有意识地淡化了过去以反映阶级斗争和思想政治教育为主要内容的选文意识，注意对学生的道德修养、文化品位和审美情趣的培养，致力于学生语文素养的整体提高。这对于教育的终极目标——人的现代性培养是有积极意义的。

这样，我们会清晰地认识到，新高考的课程设置追求对学生综合能力的培养，包括阅读知识层面的广泛性以及现代性。未来的文盲，不是不识字，而是没有现代观念、不懂现代技术、不知晓世界文化的人。

新课标强调文化自信、道德教育和价值观教育。在义务教育阶段试行综合课程，尊重学生，实现平等的师生关系，倡导自主、合作与探究的学习方式，构建共享的课程管理机制，促进学校课程的有效发展。一言以蔽之，那就是，去学科中心为通识学习。一个人自身素质的提高不是靠某一门学科专取而获得的，而要不断地汲取各个学科的养料，要承载一定数量的学习资源，这样才能有后劲。所谓通识人才就是学习要具有跨学科性、贯通性。知识的全面融合会成为未来学者基本的人文素养。

新高考就是以后现代主义课程观作为理论框架而构建的课程体系。后现代主义课程观主张开放的、弹性的教学模式，倡导学习主体的参与性，知识的放射性，反对主体间的距离感和向心性，强调教学关系是平等关系，而非主仆关系，强调学生要形成积极主动的学习态度。主体性学习的构建是把学生学习的方式定位在自主探究上，对此，我认为这个定位充分体现了学习观念的转变，无论对于教者还是对于学生。

沉醉、非边缘非中心的混沌境界是对语文学习品格的重新确立。《语文课程标准》规定："语文是最重要的交际工具，是人类文化的重要组成部分。工具性和人文性的统一，是语文课程的基本特点。"语文工具性的意义尽人皆知，已不用赘述；如何理解语文的人文性，是问题的关键。语文负载着文化，又传承着文化，应该说语文本身就是一种文化。二十世纪八十年代中后期，现实主义向现代主义的发展，带来了文学创作的繁荣，同时也给语文带来了开阔的视野和深广的文化底蕴。美学和文学理论在语文教材中也多有体现。后现代主义、建构主义、存在主义、现象学、阐释学、精神分析、结构主义、接受美学、叙事学理论、对话理论、原形理论、陌生化理论、小说美学、诗歌美学，成为修订《语文课程标准》的理论基础。

近几年，对语文观念的讨论，有的可能言辞过激，有的产生思想的碰撞，这应该是文化多元、价值多元的表现，不是筑墙，不是学派之争，更不是某种意义的新闻炒作，是中国知识分子强烈的自省意识的表现，是语文教育工作者的自我扬弃。应该肯定，中学语文教育的根本任务正如北京大学教授温儒敏所说

"语文教育是给学生真善美的熏陶教育，要培养学生的文学素养，让学生掌握恰到好处的语文知识，没有相应的阅读范围和已经具备的学习能力恐怕难以应付高考"。

对此，要教育学生学会学习，善于处理信息，提升整合能力。这个时代，知识爆炸，信息量大，网络资源丰富。教师一定要转变观念，你能够占有的资料，学生同样能够占有，要学会资源共享，要深刻地思索"教学相长"的道理。这就需要对教师的角色重新定位，教师传授知识不是主要的，教给学生方法尤在眉睫，此所谓"授人以鱼，只供一饭之需；教人以渔，则终身受用无穷"。书是没法读完的，无论是谁，即使大学者陈寅恪死前说"书读完了"，那也是说，在他有限的生命里不能再读书的话语意义，而真正的浩如烟海的书籍是无法读尽的。因此问题的关键是要养成爱读书的习惯，掌握会读书的方法。教会学生"要放出眼光，自己来拿"。要使学生开放心态和强化格局意识，增强学术视野，要懂得尊重多元文化，甚至要关注世界各国母语教育的发展趋势，增进国际了解。

要注意培养学生的自学能力。终身教育、继续教育已逐渐成为国际公认的教育理念。作为新世纪的一代公民，不会自学，就不可能具有自我发展和创造的潜力。基于这一认识，新教材的着眼点不是教师的"教"，而是学生的"学"。

就语文学习而言，文学鉴赏热的兴起和重写语文课本，使我们懂得了审美，让我们开阔了视野，在灿若星群的二十世纪中国文学史上还有胡适、沈丛文、张爱玲、林语堂和周作人这样的作家。二十世纪八十年代的对外开放，让我们了解到高尔基以后的世界文学以及更多的文学流派。可见，教师要培养学生掌握搜索、筛选、传播等处理信息的能力，形成高速地阅读与准确地表达，才能不断地关注时代和社会，不断地改革创新，因而，语文课程才能与时俱进。

要增强语文研究性学习的指导。语文研究性学习的实施，离不开对于资料的收集、分析和运用能力的培养。互联网的便捷性、交互性、超时空性以及对于资源共享性的特点，无疑非常适合于语文研究性的学习。因此语文学科的学习方式，需要借助网络的力量。但教师的有效指导是研究性学习课程成功实施的基本条件。从指导内容而言，研究性学习课程的指导在根本上是创设学生发现问题的情境，引导学生从问题情境中选择适合自己的探究课题，帮助学生找到适合自己的学习方式和探究方式，与学生共同展开探究过程。从指导方式而言，研究性学习课程倡导团体指导与协同教学。不能把研究性学习课程的指导权只赋予某一学科的教师，或班主任或专门从事研究性学习课程指导的教师，而应通过有效方式将所有教师的智慧集中起来，对研究性学习课程进行协同指导。这是研究性学习课程整体性的内在要求。因此，教师既不能"教"研究性学习课程，也不能推卸指导的责任放任学生，而应把自己的有效指导与鼓励学生自主选择、主动探究有机结合起来。研究性学习课程要求新的评价理念与评价方式。它反对通过考试等量化手段对学生进行分等划类的评价方式。它主张采用自我参照标准，引导学生对自己在活动中的各种表现进行自我反思性评价。建立一种以"自我反思性评价"为核心的新的评价体系，是研究性学习课程实施的基本要求。

尊重学生的个性发展，使学生自主构建精神家园。尊重人的个性，发展人的个性，解放人的心灵，丰富人的精神世界，是语文教育义不容辞的责任。在《第三思潮：马斯洛心理学》中，心理学家马斯洛把人们对尊重的需要分成两类：自尊和来自他人的尊重。自尊包括对获得信心、能力、本能、成熟、独立和自由等的愿望。来自他人的尊重包括威望、承认、接受、关心、地位、名誉和赏识等。语文教育家于漪在《立足于促进学生的发展》中也谈道："教育，说到底就是培养人，促进学生德、智、体、美全面发展，形成健全的人格，将来成为报效祖国的合格公民、优秀公民。既然要发展，就不能短视，不能急功近利，事事求立竿见影。要长短结合，立足于现在，着眼于未来。"教育是尊重的教育。要尊重人的个别差异和个性化的学习方式，我想这应是语文学习的本质要求。

新课标立足于促进人的发展，字里行间处处表现出对人的尊重，对学生的关爱，把人从技术主义的桎梏中解放出来，解放了学生，同时也解放了教师，让学生和教师都能按照人的发展规律和语文教育规律去学语文，教语文，给学生自主学习、自由学习的空间，给老师自我发展、创造性教学的空间。文化散文热的兴起，充分表现了人们对自由表达的渴望和对程式化套路散文的不满。

新时代语文的反思是全方位的，整体的，跨学科的。施蛰存在《语文教育一定要改》中说："1953年学苏联，华东师大请来一个苏联专家，给我们讲中学应该怎样讲课，我们听得好笑。

他说你们教师讲课一定要准备好教案，讲完最后一句，刚好打下课铃。"这是极其糟糕的一件事。后现代主义课程观强调课堂的开放性、复杂性和变革性，如果我们过分追求语文教学目标的清晰和精确，那么反而不像中国语文课了。建构主义理论也告诉我们，不仅有客观性知识（学术性知识），还有主观性知识（人的经验），人的经验也是很重要的知识。降低阅读教学中"分析"的要求，《新大纲》规定"对阅读有浓厚的兴趣，阅读程度适合的文章，能理解主要内容，体会思想感情，领悟一些表达方法，注意积累语言材料"即可，何必追求讲深讲透，但要注重阅读的广博性，否则高考这张试卷难以完成。

学生的知识积累和人格素养的形成，需要教师的引导。教师在职业生涯中，该具备哪些基本素质，或者基本能力？魏国勇老师说"爱是教育的根。教师要爱学生。有爱就有方法。有爱才有能力的沟通"。王安石《游褒禅山记》谈到"志""力""物"，作为教师也一样不能少。专业上的一技之长要有，无论文科还是理科。辅以诸多的人文情怀，因为教育既是科学又是艺术。教育有自身的规律性，从业者要按照教育规律去培养人。向身边的有经验的教师学习，还要培养自己的个性课堂。优秀的教师都有一个共同的特点那就是教育风格独特。课堂教学的艺术设置，诸如板书艺术、提问艺术、语言艺术、总结艺术等，优秀教师的个性化是不能复制的。课堂教学目标的设定就要遵循规律——知识目标、能力目标、情感态度和价值观。即使同课异构，课堂教学效果也是不一样的。教师的个性发挥、教学风格、教学特色等方面的不同是源于教育艺术的。

沟通艺术不仅体现在课堂上的生生互动、师生互动，还体现在教育生活中。这要看教师的视野和格局以及人格魅力。教师要有自知之明，长处在哪？或是情感深度还是思维深度以及助人能力，都要深知。教师要常怀敬畏之心，常蒙热爱之情，常练读写之功，常有反思之意。

总之，思考和应对都属理论层面的，具体实施又何其艰难，因为人的固有观念真是太缠绵了，非到下地狱之时，还很难做出割舍，但若使"跑道变通道"，让语文工作者先经"炼狱"，后到"天堂"。然而，科学的境界主于真，道德的境界主于善，艺术的境界主于美，语文本来就是真、善、美的统一，追求真善美的统一应该是语文课程的理想境界。

千年的积淀，百年的探索，世纪初的论争与实施，给新的语文教改奠定了坚实的基础，也必将为新世纪的语文教育开辟新的天地。当然，改是必须的，只要课标修改后更符合教育规律，更适应教育的科学发展。

政府办教育，校长办学校
——关于办学体制改革的思考

题记：教育不是注满一桶水，而是点燃一把火。

——叶芝

办学体制的改革就是打破政府垄断教育的局面，重新分配公共教育权力；合理配置教育资源，扩大教育供给，解决教育供求不平衡的矛盾。[1]办学体制改革历程大致经历了三个阶段：允许、鼓励社会力量办学阶段（1980-1991年）；建立以政府办学为主、社会各界共同办学的体制阶段（1992-1998年）;在"共同办学"的基础上，明确以政府办学为主体、公办学校和民办学校共同发展的思想阶段（1999年至今）。办学体制改革在当今出现了几种类型，如国有民办、教育集团、大学城制、单一的民办体制等等。多种办学体制的建立，为教育事业的发展筹

---

[1]胡卫等主编：《办学体制改革：多元化的教育诉求》，北京：教育科学出版社，2010年版，第33页。

措并盘活了大量资金，在一定程度上缓解了政府的压力，同时，也满足了多元化社会的教育需求。

一、为什么要改

国家有指导性政策。《国家中长期教育改革和发展规划纲要（2010–2020年）》指出要深化办学体制改革，坚持教育公益性原则，健全政府主导、社会参与、办学主体多元、办学形式多样、充满生机活力的办学体制。

历史发展的必然。中华人民共和国成立之初的中国教育，政府是唯一的办学主体，政府掌握着开办学校所需的一切。从1953年到1958年，教育的发展是迅速的。之后的二十年里，教育又一模式出现，与传统教育不同。改革开放以后，又重回旧路，并随着市场经济的成功运作，逐渐发展成为"一主多元"的办学体制。

现实的严峻性。由于政府对基础教育的投资力度不够，造成学校资金运转困难，加之企业对教育目的性的认识不明等因素，出现了诸如"公立学校缺乏办学自主权、统得过死、办学效率低下；民办学校办学层次低、管理不规范、内部机制不健全、难以形成竞争环境以及学校产权归属不清、法律属性不清、有关扶持政策难以落实"等问题。导致教师严重流失，生源严重不足。甚至有的学校关停倒闭，有的学校在飘摇之中拼死自救。

在这里就涉及一个重要问题，要想办好一所学校，政府要投入充足的保障资金，在学校失去外援的情况下，还能够得以正常运转，这是生命线。否则，改革办学体制将无从谈起。当初改制的公立学校多是较为薄弱、办学经费筹措较为困难的学校，通过转制盘活教育资源，调动社会力量参与办学。但发展到后期许多重点学校、名校也开始转制或办"校中校"，以此来"合法"地收取高额的学费，从而使转制学校变了味儿，走了样，造成了许多的负面影响。

二、怎样改

转变政府对教育的政策性投资为经营性投资，加大政府对学校的投资力度。我国政府对教育资金的投入存在严重的不足。据《中国教育报》（2009 年 11 月 30 日）的数据显示，中国的教育公共投入严重不足，政府资金投入不足，导致的直接后果是教育不公平问题日益突出。因为学校要生存就需要资金，"择校费"则是唯一出路，因此，"上学贵"就成为中国很多家庭的沉重负担，社会上对教育的抱怨也由此增多，不利于社会的和谐稳定。在《国家中长期教育改革和发展规划纲要(2010–2020 年)》中，教育部部长袁贵仁强调，确保实现"国家财政性教育经费支出占国内生产总值比例 4%"的目标。姑且不论这个目标能否实现，或者怎样实现，这个愿望就让从事教育的工作者欢欣鼓舞了。

有人说，办教育要解决两个问题——"要有钱"和"用好钱"。但"用好钱"的前提是"要有钱"，即要保证教师工资、保证教育的运行经费，保证危房的及时改造，保证贫困生的资助，保证营养餐计划等。在当今的办学体制下，钱不再是简单的数量上的增加，而是要起到调动各方面积极性、改革弊端、完善制度、优化结构的作用。

在美国马里兰大学的一项研究发布了"中国最牛高中50强"的榜单，其中人大附中高居榜首。其排名评定标准之一，便是"学校花在每个学生身上的平均费用"，人大附中的底子是尽人皆知的，而其他普通高中教育经费投入之不足的问题，已显示在案。（《北京晨报》）

而从对美国、日本、法国、英国、印度和韩国等六国的义务教育办学体制考察看，这些国家无论在财政上采用集权制，还是分权制，凡是义务教育成功的国家，均采用"基层地方政府为主，多级政府分担经费"的办学体制。吉林省应该加大对基础教育投资的力度。

推进考试招生制度改革，全面实行大学自主招生。

在当今世界上，只有极少数的几个国家包括中国还有高考。在那些没有高考的国家，每一个想上大学的孩子，都可以选择自己想上的大学、想学的专业。应该说，大学是没有门槛的，大学的文凭也就是一个人的素质和技能的认证罢了。在我国，30多年前，高考平均录取率还不到4%，现在高考的平均录取率已达到80%以上，这是因为很多家长为了让孩子能继续上学，他们不惜花重金找门路、挖关系，社会风气因高考而遭到严重破坏。南科大的改革不是已经拒绝高考了吗？高考录取率将来还会上升，必达到百分之百。那么，高考又有何为？这种人才的选拔性考试，到底选择了什么人才？一段时间以来，高考作弊、高考移民、高考加分等现象屡屡发生，虽已引起了社会有识之士的广泛质疑和强烈不满，但其作用只是杯水车薪。

全面推进高等学校的自主招生考试制度，以高等学校人才选拔要求和国家课程标准为依据，结合学生学业水平考试和综合素质评价，"择优录取"；对特长显著、符合学校培养要求的，依据面试或者测试结果"自主录取"；对在高中阶段全面发展、表现优异的，"推荐录取"；对符合条件、自愿到国家需要的行业、地区就业的，签订协议实行"定向录取"；对在实践岗位上做出突出贡献或具有特殊才能的人才，建立专门程序，"破格录取"。

2012年中国海洋大学、贵州大学、江苏6所省属高校都进行了大学自主招生改革，取消笔试，而在面试环节中注重了对知识面的考查。在本质意义上，高校自主招生应该主要看学生在某方面的出色素质和潜能，而适度降低对其他方面的要求。当年钱锺书虽然数学不好，但还不是因语文、英语出色而被清华大学破格录取了吗？再有没有文凭的钱穆、陈寅恪、沈从文等不也是进入大学课堂教书了吗？曾任清华校长的罗家伦在考北大时作文满分，数学零分，其他各科成绩也并不出众，却在蔡元培、胡适二人的执意要求下，最终被北大外国文学专业录取。

高考改革已经无法再修修补补了，必须进行大刀阔斧的改革。智利女诗人米斯特拉尔说："许多需要的东西我们可以等待，但孩子不能等。"高考，关系到孩子们的成长成才，不能观望、不能等待。顾海兵说："高考改革一定要回归大学的自主权，但大学的自主权不是校长的自主权，而是大学教师的自主权，要让选人的人参加到选人的过程中。"①

大力支持民办教育，实现校园独立、法人独立、财务独立和办学自主原则。民办教育是教育事业发展的重要增长点和促进教育改革的重要力量，政府要把发展民办教育作为重要的工作职责，鼓励出资办学，促进社会力量以独立举办、共同举办等多种形式兴办教育，使民办教育办出特色，办出质量。要提高政府财政对于民办教育的重点支持能力，在民办教育承担本应履行的公共教育领域责任的同时，政府要不断加大对基础教育的投入，以确保基础教育事业的健康发展；要依法落实民办学校、学生、教师与公办学校、学生、教师平等的法律地位，保障民办学校办学自主权，建立并完善民办学校教师社会保险制度；加强对"名校办民校"的规范管理。应具有独立的校园、独立的教学管理、独立的财务核算和独立的法人资格。要实现学校的"所有权"与"经营权"的分离，投资人与办学者、管理者的分离，各级教育行政部门由直接管理变为间接管理，使得学校的办学自主权进一步扩大。然而，就特定地域来说，体制改革本质上是一个不同体制此消彼长的过程。一个地区，如果公办学校大发展，民办学校的发展空间相对就会变小；而如果转制学校得到了大力支持，公办与民办学校的发展都会受到影响。②根据韩美的办学体制改革，"政府办教育，校长办学校"，

---

① 《自主招生能否离开高考独行》，《科学时报》（大学周刊），2010年9月14日。

② 徐冬青《现阶段基础教育办学体制改革特征分析》，《教育发展研究》，2008年，第23期。

是中国现行办学体制改革的有效途径。

在韩国，自金泳三总统执政时期（1993－1998年）起，国家教育改革委员会要求国、公、私立中小学都成立"学校运营委员会"，旨在适应当地特点和实际需要，自主办学。2011年逐步向全国推广"开放型自律学校"。与其他学校的主要区别在于：赋予学校和教师很大的自主权，如课程设计、选择教材都不一定遵循国家有关规定；可以引入"无学年制"；通过公开招聘选任校长，校长比过去有更大的自主决定人事与执行财政预算的职权；教师全员公开招聘；招生方面，在实行"平准化教育"地区通过"学生先申请、学校再派位"的方法，在实施非"平准化教育"地区通过笔试、综合成绩、面试和毕业学校推荐等方式招收；对农村、山区、岛屿和城市低收入地区政府采取特殊支援政策。特别是《英才教育振兴法》的颁布，改变公立学校目前的低迷现象，提高教育水平，恢复国民对公共教育的置信度和满意度。

在美国基础教育的办学体制具有"政府购买、法人治理、校长经营、他方认证"等特征，本质上是一种市场化的多元合作体制。在资金保障、民主管理、市场运作、质量监控等方面都有较好的优势。美国的教育行政，政府除立法和拨款外，不干涉学校的业务。在政府与学校的关系中，强调学校办学的自主性。

根据韩美办学体制改革的经验，我们可以看到，"政府办教育，校长办学校"，就是建立以政府办学为主，落实和扩大学校办学自主权，推进政校分开、依法办学、自主管理、民主监督、社会参与的现代学校制度；政府及其部门要树立现代服务意识，改进管理方式，完善管理制度，减少和规范对学校的行政审批事项，力求办学主体多元化，办学效益最优化，客观管理间接化，微观管理自主化，管理思想科学化。

"政府办教育，校长办学校"，按照布罗姆利的说法，就是政府对基础教育的政策定位，决定着民众在教育发展中的选择集；民众的智慧，只有在政府政策指定的范围内，才可能确定自己最大化与最优化的教育选择。(《基础教育办学体制改革政策的"核心问题"探讨》) 但政府对学校"包揽过多，统得过死"，则会导致计划经济体制下的办学体制，因此，由政府出资办教育，校长出人办学校，则是办学体制改革的有效途径。因为校长是学校管理的专业执行者，政府的资金投入便是学校生存的有力保障。

总之，基础教育在自身实践与完善的过程当中，总能找到一种适合现代社会发展的育人方式，只要从事基础教育的人们其求索之心未变，追求人的现代性教育的终极目标未变，那么总会有新的办学体制的产生，并服务于世人。

"教师轮岗"新论

题记：教人者，成人之长，去人之短也。唯尽知己之所短而后能去人之短，唯不恃己之所长而后能收人之长。

——魏源

教师轮岗是学校与学校之间的教师交流与合作，是促进校际的教师资源共享，平等互惠的一种新型的办学模式。就目前来看，教师轮岗的形式也比较多——对口支援、骨干下乡、手牵手等等。做好教师轮岗工作有助于基础教育的创新与发展。

一、教师轮岗的国际视野

在英国，先前同样遭遇择校问题，学区房也会炒得很高。后来英国政府出台政策，采取随机分配制，即在学区内的孩子要上归属校，根据学校的招生名额来随机抽取，这在一定程度上缓解了择校热。

在日本，教师轮岗在二战以后就实施了。日本教师轮岗的前提是教师是公务员。凡公立学校，教师待遇都一样，没有任何差距，没有重点校和普通校的区分，不管你在哪个学校，学校资源配置一律均等。

在韩国和新加坡，义务教育阶段，实施的都是区域轮岗，范围相对小，不是城乡之间的大调动。

在中国，现在有多个城市实施教师轮岗。以前的教育帮扶、教师培训，到后来逐渐结成的教育集团，都是教师轮岗的有效尝试。从2003年起，武汉教师的轮岗形式是由起初的每年6人轮岗到现在的每年200人轮岗，轮岗教师统一由学区管理，取消了教师的学校身份。

二、中国教师轮岗的必要性

由于教育资源差异大，师资配备不均衡，老百姓就得花高价去择校，本来教育是为百姓服务的，但在百姓择校的过程中，经济利益严重受损。在这种情况下，教师资源进行优先配置，合理化分配师资，这就需要进行教师轮岗。骨干教师、优秀教师到薄弱学校去轮岗，更有利于发挥服务作用和示范作用，整体提升教师的教学水平。同样的薄弱学校的教师到重点学校去轮岗，也可以促进学科交流，增进校际的文化建设。资源再分配，互相学习，共同提高，真正实现教育公平。

这都是"说起来容易，做起来难"。一个新教师要融入新的环境，是一个选择的过程。好学校的教师要到不好的学校去肯定有为难情绪。即使去了，又会全身心地投入工作吗？还有不好学校的教师到好学校去能胜任教学工作吗？新环境需要认识，自己有多大的能力需要认识，自己有多大的压力需要掂量。家长欢迎薄弱校的教师吗？诸多的问题摆在面前。所以目前看轮岗，非但解决不了实际问题，反而又添新愁。

但是，教育改革是一定要进行的，只是需要一个过程。日本教师轮岗，还有韩国、美国、英国的教师轮岗也都不是一蹴而就的，都会遭遇很多困难。教师轮岗存在许多疑难问题，最大的问题就是教师的福利待遇、交通与住房。原来教师工作在学校附近，现在轮岗要到遥远的地方，交通在心理上就是一个很大的障碍。还有强校与弱校的代际差别。弱校能否胜任强校工作以及来自社会的负荷——家长是否愿意接受。如果出现家长每天都在琢磨转班的事，每天都要去给校长找麻烦，就会影响学校工作的正常开展。强校教师到了弱校，面对不是传授知识点到为止的学生来讲，教学方法的变革就是一场深刻的学习革命。

因此，教师轮岗短时间内是不利于教师队伍的稳定的，那学生就会受影响。现在国内很多省市的做法是教师轮岗时间一般在六年左右。我觉得异地轮岗时间至少在三年以上，也就是说，你得教一个轮回。

轮岗教师的要求通常是要选派有经验的教师轮岗，一般教龄要满六年。或者男教师年龄在50周岁以下，女教师在45周岁以下，教师轮岗一定要满足轮岗条件。教龄短，或者教师的子女年龄小都不适合轮岗。因为教师同时也是父母，轮岗时间长，反而耽误了自己的孩子成长也是得不偿失的事，特别是女教师。因此，教师轮岗要把刚性制度和柔性措施结合起来，轮岗实施就近原则，充分体现教育的人性关怀。

2010 年江苏省出台政策，教师在一所学校连续任教满六年才可以流动。校长轮岗，任期三年，并且在同一所学校连任不得超过两届也要进行轮岗。这种轮岗是否能够达到所谓的教育公平、教育均衡，或者让择校热退烧，都是两可的事。对此，有人提出搞学校联盟、搞名校办分校，还有手拉手、办教育集团、对口支援等方式。这样的方式具有一定的参考价值。几所薄弱校与几所优质校联盟，然后教师定期轮岗。当然还要涉及保障机制问题，如工资待遇、福利待遇还有职称晋升等。薄弱校与优质校之间差距会很大，所采取的办法是取最高值，保留原有工资待遇，还有重要的一点就是去教师的学校身份。也就是，教师是不属于哪个学校的，教师就是教师，统归所属教育局管辖，教师只管在某个学校上课。

轮岗的人事关系管理可以借鉴汉阳市，人事关系由学区来负责管理。沈阳的模式是"人走关系动"。安徽就取消教师的校籍。这样，教师的人事关系，全部由县、区、市教育局来管理，学校的外在声誉差别就没有了。教师由学校人或者单位人变成一个系统人、学区人，或者就变成了一个教师，教师就是一个职业人。

三、区域教育共同体的确立

区域教育共同体的确立就是在某一个教育区域内，比如说建十所高中、十所初中、十所小学。然后把高中、初中、小学，均衡地分布在一个区域的各个角落，保证教师资源分配的合理化，就近上学，大力促进教育公平，明确不设重点学校、不设重点班。就是不能人为地分出重点与非重点的问题，好与坏的问题。不要出现"抢一抢二不抢十"的情况。

要建立相应的轮岗制度保障。教师从强校到弱校，肯定有为难情绪。那么，在教师的编制上、岗位设置上、职称评定上要给予相应的照顾。以前也曾有过，王勇老师说："2007年长春二道区教师到九台区支教，别的困难不必多说了，单是农村的孩子基本没有幼儿园的经历，教课就是从起点开始，还有相当多的孩子接受不了，需要教师重新调整。教了几年农村学生，再回来教城里的学生，差别是巨大的，教师的教学又需要重新适应、调整。"教师从业目的发生了改变是件危险的事。现在，通常的做法是，要我支边去，你把编制给我；要我支边去，你把职称给我；要我支边去，你把岗位给我。教师带有从业目的性去从事教育，教师的教育心理会大打折扣，但是，现在的人都很现实。对此，就要有相应的制度保证。优质校的教师不愿意轮岗的原因，首先是收入差别的悬殊。其次是双名效应——名校、名师效应。你要是名校里的名师，在社会上就多被尊重和推崇，物质的和精神的财富都是隐形的。三类校的教师每天面对的课堂，据调研统计，一堂课40分钟得有将近10分钟的时间不是讲知识，而是整顿纪律。所以薄弱校教师不用研究北大、清华，学生根本考不上。那么，薄弱校教师到了优质校，能不能融入队伍当中去，也是尚未可知的事。

四、要加大对轮岗工作的监管力度

优质校把薄弱教师推荐出去轮岗，或者薄弱校面对来自优质校教师的不重视，这些都会影响教师轮岗作用的发挥。如何监管？

要制定相应的政策，包括教师的业绩考核等。对于优秀教师要承担重要的岗位，诸如优质校到薄弱校的教师要担任备课组长、学科组长，甚至教务主任等职务，帮助薄弱校进行学校管理，把原来优质校的教学经验、管理经验带到新学校推广，以拉近与名校间的距离。

教师轮岗的目的是消解择校热。校际资源均衡了，家长就不择校了。然而，通过教师轮岗就解决了择校热，事情还不是那么简单。轮岗需要教师数量和轮岗时间。虽然不能保证一加一等于二再除以二的均衡，但重点学科一定要有所交流调整，这样才能保证教师资源在区域内的均衡。隋红嬉老师说："原始的师资分配就应该尽量做到均衡，诸如新毕业的大学生，由教育局人事部门统一管理，统一分配，统筹安排，要缩小双向选择的比重，增大教育行政部门宏观调控的比重。"然而，这又不是计划经济时代，职业的自由选择来不得行政的控制。随着私立校的增多，教师说辞职就辞职。

走教制也是促进资源均衡的一个好方法。一个老师可以在不同的学校进行任教。只要有精力有能力的教师就可以走教，有利于学校获得更丰富的教师资源。城乡之间更应该打破这些壁垒，完全实行走教制。但要保证所教学科的答疑时间与质量。这就是壮士断腕，有些决策必须得下定决心，打破常规，力量就均衡了。少数的流于形式的几个人轮岗还达不到资源均衡的目的。

轮岗，主要目的是交流学习，是培训的最大福利，是比较特殊的教学实践，远胜于个人研修，或是专家的引领。让最优秀的教师轮岗，是为了走向大我而走出小我，同时，实现自我价值——

马斯洛的金字塔理论，最高层是自我价值的实现。把本校最好的教育教学经验传播出去，示范辐射作用增强，有利于推动教育的整体发展。

轮岗的制度化确立。2010年的新加坡出台了相应的校长考核指标，三年内没完成指标就会被诫勉谈话，被警告，严重者还会被罢免。这就是说，校长也可以轮岗，校长轮岗涉及校园文化建设问题，不能来一个校长就搞一套文化建设，到后来，都不知道这所学校到底是什么特色。一个学校的校园文化的形成很大程度上取决于校长的文化管理。校长的管理格局决定学校的文化品位。但是，在校长轮岗的过程中，由于管理理念不同，管理文化也会发生碰撞。这就需要学校发展的制度保障，一旦学校的发展目标确定以后，几届领导班子都要坚决执行，来完成既定的教育方针。要懂得这个学校不是校长的学校，这个学校是政府的学校。也就是说，学校最初的办学定位确立以后，每个到校的校长都要有义务传承，当然，具体操作过程中，具体的办法可以灵活、可以创新。产生差别是很正常的，因为每个校长的个人素质、水平不一样。

校长轮岗和教师轮岗也存在一些问题，比如说我是名校的校长，那我就不愿意到弱校去。这是人之常情。如果轮岗形成一种自然规律，谁都认可了，就不会还有人再计较什么。不能计较的校长与教师轮岗要有保障机制，人事关系管理要统归教育局或者全归学区管理，工资待遇都一样。

五、增加轮岗教师的工资与福利待遇

假如名校的教师跟普通学校的教师工资待遇都一样，那恐怕就没有轮岗动力，因为教师失去了优质校的资源。杨振坤老师说："轮岗教师工资待遇一定要高，职称也要给到位，职务也有可能提升，总之在此基础上要更好，而且还得保证三年后返回原校。这样，教师轮岗才能顺利一些。"如果一切都不如所愿，而硬性规定教师轮岗，那样就会造成教师带着情绪去工作，教学效果不会太好。轮岗教师应该心甘情愿地去工作，把丰厚的教育资源带去，优化组合，推动教育资源的再生产。

从教学一线看，形势不容乐观。所谓手铐和脚镣都未解开如何跳舞。教师工资待遇问题是主要问题，要得到相应地解决。对此，特岗教师、支边教师，都应该有机制上的保障。

要想改变一个学校，首先要改变生源，所以招生政策要改。让一类校和二类校的招生机会相同，招生不允许掐尖儿。生源改变了学校就会有质量的提升，社会评价就会好起来。公费指标要增加，并且均分所在学区的各个学校，优质生源均分。要促进教育公平，学校分类本身就是一种不公平的表现。考试成绩 500 分以上的学生上一类校了，考试成绩 500 分以下的学生上二类校，这本身就是人为造成了教育不公平，这就是标签的作用。我是一类校的学生，你是二类校的学生，更重要的是社会角色定位也会随之而来。因此，招生制度要改，取消学校分类，教育资源均等，校际是平行关系。这样做的好处是取消了超级大校。教育行政部门要规划学额，平均使用生源，比如每个高中学校招生比例不要超过 600 人。人不多但是精，办学质量就会提高。

　　总之，教师轮岗是变革教育体制、促进教育发展的重要手段，是优化教育资源、提升教师品位的存在方式。在世界各国，教师轮岗都收到了很好的教育效果。因此，在借鉴先进的办学经验基础上，完善自身的教育运行机制，使得教育在公平、均衡、优质等方面，能更好地为百姓服务，培养更多的有用人才，实现教育中国梦。

生态文明视域下的环保意识及其规则重建

　　题记：树立尊重自然、顺应自然、保护自然的理念，树立发展和保护相统一的理念，树立绿水青山就是金山银山的理念，树立自然价值和自然资本的理念，树立空间均衡的理念，树立山水林田湖是一个生命共同体的理念。

　　　　　　　　　　　　——《生态文明体制改革总体方案》

　　在上海"青少年生态意识培养的高峰论坛"上，许多中外专家学者都共同呼吁"要加强对青少年的生态教育"，这是向人类命运共同体发出的声音，使命自觉，意义重大。生态教育实际上是一个人的终身教育，人类无时无刻都要关注生存的环境，提高生态环保意识。从青少年抓起，思路是对的，因为青少年是环境保护的生力军，是人类未来的希望。

　　生态是一个国家的软实力。美国哈佛大学肯尼迪政府学院前院长约瑟夫·奈指出，软实力是一种吸引力。像北欧一些小国，经济实力很弱，但生态魅力吸引人，很多人把钱花在那里，实际上是消费生态环境——旅游观光。在这里，生态资源之所以能够获取经济价值，是因为它有平衡生物多样性、保障食物链供给以及保护水土流失、调节气候、提高空气质量等功能。可见，生态软实力是人类生存的重要依据，可以在国家社会的各个领域产生效能，对人类的服务价值是无法量化的。重要的是能够促进经济发展，维持一种和谐的社会关系。因此，人类要善待自然，维护大自然的生态平衡，否则，大自然就会对人类进行疯狂的报复。

一

近年来，有一个词悄然进入人们的日常生活，那就是"雾霾"。通过科普，大家认识到雾霾是人类肉眼看不到的直径小于或等于2.5微米的颗粒悬浮物。这种微小的颗粒悬浮物在空气中，被人吸入肺泡后，就会导致呼吸、消化、免疫、心血管系统的疾病。包国章教授说："这种像有机污染物、重金属污染物等会附着很多自由基，自由基是万病之源，破坏人体的免疫系统，最终导致癌症病发。"

现在，雾霾天气越来越多，也越来越严重。这与人类工业文明的发展有很大的关系。高莹教授说："雾霾的形成主要是工业污染、燃煤、汽车尾气、高温燃烧等所占的比例大，并且细颗粒物实际上是在逐渐增加。雾和霾是有区别的。雾仅仅是空气的相对饱和湿度高而已，而霾才会产生硝酸或者硝酸根离子等，这些颗粒会对人体造成伤害。如果只有雾，没有霾的情况下，那么雾对人体的伤害是非常小的。在没风的天气里，异温状况下，接近地面的空气重量相对比较大，会形成一个稳定的系统，产生雾霾。"

因此，也可以这样认为，如果要减轻一个城市雾霾的程度，首先要做到尽量少开车，多坐地铁等公交。像加拿大、俄罗斯等地广人稀的国家，雾霾发生的概率就会较少。但在欧洲人口密度相对比较大的国家，提倡节能减排以减轻雾霾危害是必要的。1952年，英国伦敦发生了烟雾事件，造成了1.2万人的死亡。虽然烟雾与雾霾有所不同，但对人造成伤害的结果是一样的。令人鼓舞的是，英国通过治理，环境又得以恢复。在我国，重庆有"雾都"的美称——"蜀犬吠日"。同狄更斯的《雾都孤儿》一样，先前，重庆的水雾没有造成雾霾，说明雾的水汽虽然大，但对人体的伤害比较小。晨曦中，水分还没有完全蒸发掉之时，大自然迷蒙的状态，会给人一种神秘的色彩，是人类的生活情趣。

为了治理雾霾，英国在工业文明后期，把很多产生污染的重工业迁出伦敦，得到了很好的治理效果。近些年，北京周边的生态治理也取得了很大的进展，关闭了低效能的钢厂、塑料厂，切断了污染源，建设了绿色生态园，以保护人类居住的环境，为祖国的山川大地增添一抹绿色。

二

生态学上有一种观点——绿色不一定就是生态的。《圣经》里也有这样的说明。就像赤潮现象，虽然是自然出现的，但对人类的生存环境造成威胁，不是好事。因此，事物都存在相辅相成的道理。例如，"植树造林，利国利民"，这样的口号就不一定适合所有的区域。吉林西部地区的盐碱地，植树就不一定是保护环境，反而是一种破坏生态环境的表现。包国章教授说："盐碱地，水分蒸发量大，土地盐碱含量高，种树要挖坑，盐碱通过蒸腾作用，被植物吸收到地表，形成盐碱地。还有西部地区降雨量少、乱挖草皮、冬季放火烧地以及过度放牧等都是不利因素。"植树造林，要科学选种，科学育林。在干旱地带，种植桉树就等于安装上了地下抽水机，反而加速土壤中的水分流失，对土地的综合利用以及水源的保护都是不利的。这就是说，在选种植树的过程中，并不是说绿色就是生态的。树种单一也会影响生态。以往，长春南湖公园经常闹天牛，使公园植被遭到大面积的破坏。后来分析原因主要是园里树种单一，整个区域生态系统食物链比较简单，天牛没有足够的天敌。这样，一旦闹虫害，就不好控制。就像德国的许多人工森林，经常出现各种自然灾害，究其原因，就是人工种植较自然生长，缺少物种平衡以及平衡期。

另外，光伏电池（太阳能）是高科技，然而高科技未必环保，硅晶片在生产过程中有氯气、重金属、铅等，会产生二次污染。沙尘暴也并不是一无是处，如果放大历史的时间与空间，著名学者秦大河就证明沙尘暴就是黄土高原的主要成因。正如《道德经》所言："曲则全，枉则直，洼则盈，敝则新，少则得，多则惑。"事物的道理都是相辅相成的。北京的沙尘暴为美国的内华达州增加了降水、降雪，使美国人民的农业生产增产增收，但对于中国人却是一种灾难。因此，生态平衡是针对全球而言的。如果说地球有海洋、有陆地、有沙漠，还有各种各样的高山、丘陵以及动物、植被等，能够维持生态平衡，那就说明地球自身的平衡系统已经形成。如果人为地去改造环境，那恐怕地球就会对人类产生拒绝或反抗的情绪，以至于实施各种报复——地震、海啸、山体滑坡、泥石流等自然灾害。从生态观的角度来理解所处的生活环境，我们要有保护环境的心态。

三

懂得环保知识和理念，培养青少年的环境保护意识才能发挥作用。在基础教育中，学校应该普及通俗性的生态学教育，开设相关的生态理论课程，还要注重学生的社会实践，使生态文明教育落在实处，不能流于形式。因此，加强中小学生态文明教育，首先在于更新观念。人类与其他物种共同生活在这一个地球上，人并非这个世界的主体，也并非这个世界的中心。人应该与万物共同构成主体与中心。去人类中心主义，这对中小学而言，是构建新的生态文明观的基础。

在一定意义上，一个学生最基本的道德应该是生态道德。学校开设生态课程，实际上，就是在维护一种公共道德。生态课程与每个人都息息相关，日常生活居住以及生活的质量等。也就是说，一个人破坏环境，报复的不只是一个人，而是集体。课程会使每一个学生都应该充分认识到，生态是需要保护的，保护生态人人有责。

但是，现在中小学为什么不开设生态教育课，因为初中不考生物，以前，高考都不考地理。这样的功利教育怎能培养出孩子的健康文明的生态观。要知道，环境保护不仅仅是利己，而且利人，甚至几代人。因此，学校教育从根本抓起，加强青少年生态环境的保护意识，我们的天才会更蓝，水才会更清，草才会更绿。

生态环保意识，通过主流教育渠道渗透到中小学的日常生活当中，对周边的成年人也会产生重要影响，使社会公众充分认识到，人类在利用自然的过程中，一定要考虑到保护的问题，因为资源毕竟是有限的。当然，不能说为了保护而保护，甚至付出代价地保护，这就得不偿失了。人类应该在保护自然的同时，还可以适度地合理地利用自然，为人类造福。学校要教育青少年，征服自然是错误的，过度掠夺资源更是可耻。

然而，我们现在的教育，无论是基础教育还是高等教育，对生态文明教育的培养，还是相对薄弱的。在学校教育中，老师、学生、家长都在关注考试分数，对生存的环境关心不多。因为明天下雨下雪，有雾霾还是没有雾霾，似乎与考试成绩没有什么必然的联系。功利教育造就功利文化，培养功利人格。甚至作为生态理论方面的研究者，也未必身体力行参与环保。张静仁教授说："有谁能相信，一位全国知名的生态学家在逛西湖时，竟然把烟蒂扔在湖面上。我亲眼所见，这就是习惯，而习惯人们一时也难以改正过来。"目前，国人的环保意识还存在许多误区，环保理念和环保行为是脱节的。美国老百姓是爱护环境的，但是美国的民众不把衣服晾在户外，而使用烘干机。晾在户外多环保，然而不行，这是违法的，包括不整理自家草坪以及不清扫门前积雪，都会被警告，甚至被罚款。因为"一屋不扫"，将会影响社区的总体环境，还占用了公共资源。这种环保意识应当成为人类文化传承的一种自觉行为。

四

　　环保意识要从青少年抓起，有效地做到资源的回收与再利用。举个简单的例子，比如垃圾分类。日本的垃圾分类处理以及很多发达国家的垃圾分类处理，已经成为人们生存的自觉。在我国，有些地区也在实行垃圾分类，但是还没有达到全国普及。垃圾处理不当，污染是相当严重的。比如，电子垃圾不能降解，对电子垃圾的处理，只能通过焚烧、填埋的方式。而电子类的垃圾如果混到生活垃圾当中进行焚烧，就会产生重金属颗粒，形成雾霾，因此，环保是家庭的责任、学校的责任，更是社会的责任。

　　政府在公共设施上要保障垃圾桶的分类标识，制定国策，有效利用垃圾为人类造福。广州、深圳、中山等相继建了三个垃圾发电站，浙江和北京也有。但是发电站在建设过程中出现很多问题，包括造成二次污染等，这是初始的阵痛。强力推行垃圾分类，就是为了更有效地进行资源的回收与再利用。要知道，一粒含汞的纽扣电池扔在土地上能污染六百吨的水源，相当于一个人一生的饮用水量。如果有效控制处理，污染就会相对降低。垃圾分类是垃圾处理的第一步，是最基本的公民环保意识的形成。

如果不遵守公共卫生，那就会得到相应地处罚，还要形成监督机制，以疗治根深蒂固、积重难返的国民劣根性。日本模式和新加坡模式，对垃圾分类处理监管都十分有效。社会监管要通过法律武器，依法治人。

有人说，中国的城市三分之二被垃圾包围着，因为所有的垃圾都堆在城市周边的垃圾场，等待最后处理。有时，还不能保证及时处理。这就谈到了政府的责任。

政府需要提供足够的垃圾处理设备，并且做好垃圾分类处理宣传，通过媒体动画演示，普及宣传垃圾分类常识，懂得垃圾分类的道理，增强环保意识。通过立法，约束人们的环保意识。例如过度包装要立法，铺张浪费也要立法。环境美了，人们合理利用环境，就能兼顾到经济发展，为人类共画新蓝图。希望全体中国人都能够意识到，我们在发展经济的同时，一定要注意改善我们自身的生活环境，绝不能以破坏资源为代价来发展经济，否则将来我们的子孙后代会跟我们算总账的。

总之，生态文明是人类文明的重要组成部分。因此，要构建生态文明，每一个生命的个体都应该承担相应的责任。从我做起，从现在做起，改变习惯性破坏、习惯性污染的习惯性行为，共同呵护，共同成长，为环境保护，做出个人的努力。

来自灵魂深处的呐喊
——关注教师的身心健康

　　题记：有两种东西，我们越是经常、持续地对它们反复思考，它们就总是以时时翻新、有增无已的赞叹和敬畏充满我们的心灵，这就是头顶的星空与心中的道德律历。

——康德

一

　　国家中小学心理健康教育课题组有一项统计数据：有51%的教师存在心理健康问题，其中有32%的教师属于轻度心理障碍，有14%的教师属于重度心理障碍，有3%的教师已经构成心理疾病。从这个统计数据来看，中小学教师的身心健康情况确实让人担忧。而实际上，绝大多数教师，身体一直都处于亚健康状态——颈椎病、咽喉炎、糖尿病、腰椎间盘突出、坐骨神经痛、静脉曲张等，都已经是常见病，并且越来越年轻化。

　　教师的工作是很辛苦的，尤其是在基础教育阶段。教师的工作时间长是很多行业不可比拟的。通常，业内实行的都是 8 小时工作制，但是教师的工作一般都要超过 8 小时。因为下班后还要继续备课、批改作业等，这是教师职业的特殊性。

教师的隐性工作是繁重的，让人每时每刻都有在课堂上的感觉。毕业年级就更是超负荷运转了。所以，教师到了初、高三心理压力就会偏大，也更容易产生身体上的或者心理上的反应。因为关注状元以及中高考升学率，特别是生源优质校，来自社会和教师自身的压力就会更大。

教师的压力总是来自学生的学习成绩。如果班级的学习成绩总是忽高忽低，教师的心里就会潮起潮落。而潮汐涌动的根本原因是学校领导和家长的期望值。可见，班级成绩严重影响教师的日常生活情绪，而人的情绪常处于不稳定的状态中，就容易生病。然而，作为教师都有一种特殊的潜质，就是不服输。假如在大考中成绩失利，或者遭到学校领导的批评和家长的谴责，教师就会本能地下功夫，提高教学实效，等待下一次大考，给学校领导、家长一个满意的交代，更主要的是给自己一个满意的交代，这就是教师的完美人格。

二

一个人从事某一项工作久了，就会产生疲劳感或者职业倦怠。职业倦怠对业内人士来说是个致命的打击。作为教师，热爱自己的本职工作，热情投入和享受工作过程，是理所应当的。但因职业倦怠而产生的生命耗竭，就不利于培养和教育学生。

教育教学的互动性差，教师缺乏积极性和创造性，这样的教师，学生也不会喜欢，于是，就会产生恶性循环，影响工作以及学校的正常办学。

职业倦怠也是一种病，是一种心理疾病。常常表现为牢骚抱怨、消极情绪严重、负面影响大。教师的职业倦怠具有暗示性，也会波及家庭、社会。本来温馨的家庭、和谐的邻里关系，因教师个人的工作情绪，导致幸福指数直线下降，并且这种消极情绪很快就会在社会中波及开来，形成连锁反应。舆论的不和谐会严重地影响到教师个人的整体形象。缺乏社会认同感的教师，很快就会被学校边缘化。

几乎所有的家长都会希望有一个朝气蓬勃、积极向上、充满生机和活力的教师来教自己的孩子，学生也愿意和这样的老师在一起。陈萍老师说："教师最基本的素质是身心健康。身心健康决定了教师的工作状态——说话声音洪亮，阳光朝气，正能量满满。教师将这样的个性品质传递给学生，就会得到家长和社会的认可。"这就是教育与其他职业的不同。如果一个教师是一个消极颓废的形象，那么，无论教学多么优秀，也不利于社会对这个教师的群体认同。

在基础教育中，面对毕业升学率，教师工作压力大，职业幸福指数低，这也是一个客观存在。为此，应该及时地给教师找到一种发泄方式——校长应该成为一个学校教师的出气筒。

当然，不是每个校长都有这样的胸怀，也不是所有的教师都有这样的勇气。那么，教师就要寻找自我调整的方式，有时心理治疗胜过药物治疗。教师要充分认识到影响个人心理健康的结构性变化是客观的，而且是正常的，所以是可以接受的。在某种程度上，教师的理解较常人更有优势，一旦教师能接受现状时，心态就会平和，从而获得力量感和生机。

三

教师的生活绝大多部分是由学生构成的。教师的喜怒哀乐很多时候都是来源于学生，包括工作态度、生活体验与生命认知。所以，作为教师，要离开学生，也就不能称其为教师。教师的教育对象是学生，教师对学生采取的是一种怎样的教育态度，学生都能感受到。在这方面，学生是很敏感的，你对学生是真好还是假好，学生心里有数。为此，要从根本上去建立师生关系，用积极的情感来对待教学，这是教师应有的工作态度。不能因为压力和职业倦怠而影响了学生的未来。

是的，在每一个笑容可掬的背后，都有着一个咬牙切齿的灵魂。有时，教师会有这样的无奈。这就是所谓来自社会的期待。有时，家长对教师的期望值过高，会严重增加教师的工作负担。一旦目标没有实现，家长的心里就会产生落差，并进而掂量这个教师是否负责任，这个教师对我的孩子教育是否到位。然后，就开始怀疑这个教师教学水平有问题，甚至想到了这个教师的师德有问题。这些，无形之中都会给教师造成压力。媒介天天喊着给学生减压减负，也应该想到给教师进行减压减负。因为教师的负担主要来自学生，如何缓解和减轻教师的工作压力，就需要受教育者了解教师、走进教师，知晓教师整天都在辛苦、用心地工作，又如何为学生付出，工作量有多重，内容又多么繁杂，这样就会增强社会对教师的接纳、包容和认同。教师这个职业还有一个特点就是社会越是承认他们，他们就越积极去做，直到病倒在讲台上。教师的这种品质或者说奉献精神是教师职业性质带来的。

教师的社会形象是蜡烛，是春蚕，是园丁，是人类灵魂的工程师。这样的道德标准与社会期待，就把教师牢牢地钉在了十字架上，甘心受苦受难。还有，教师另外的工作压力是来自课堂的期待，特别是年轻教师。其实每堂课的变数都很大，由于学生的个性千差万别，而且独生子女都比较自我，因此，要根据教育对象采取相应的教学艺术。不同年级不同班级的学生就要区别对待来赢得不同的期望值。万不可带着压抑或者愤怒的情绪走进课堂。课堂教学管理也涉及教师的管理智慧。受教育者在学习的过程中是需要沟通和交流的，而不是管制和挤压。学生如何能够服从教师、认同教师？有两个因素很重要，一个是教师的人格魅力。班级里总要有最爱听你讲课的学生，这是你课堂教学的底线。你要用情教学生，而不是用情绪，用情绪处理问题，问题就会变得越来越糟。另一个因素是教师的知识底蕴或者文化底蕴。来听课的学生首先是奔着知识来的，即使不爱学习的学生也会对知识产生敬畏。因此，教师要加强自身业务能力和水平的提高，自我消解职业压力。

四

教师减负要让全社会能够从道义上理解教师的奉献，通过媒体宣传寻找对策。学校要让教师的在校工作时间更加有效，减少不必要的时间浪费，也可以丰富教师的文化生活的方式来减负。教师的身心健康或者一个群体的身心健康应该是有规律的。学校应该有一个整体的规划，工作一定要强调计划性。如果说学校的工作具有随意性，那挨累的就是教师了，也不符合教育的规律。因为规律本身是可以遵循的。学校工作是育人工作，不能摸着石头过河。

因此，减轻教师的工作压力和心理负担，学校要让教师有归属感，并且通过教育教学工作的系统安排以及教工的文体活动等，促进教师间的交流与沟通，有利于调解教师的心理健康，有益于教师自身发展和学校建设。学校广泛开展教职工的文体活动，对教师形成积极健康、阳光向上的心态有帮助。作为学校文化的引领者，特别是学校领导应该反思自身所倡导的校园文化对教师身心健康的发展作用会有多大。让优秀的校园文化滋养教师心灵，同时，作为校园文化的有效载体，教师也要为学校文化的良性发展做出贡献。

在寻求解决问题的策略中，学校要为每个教师建立教师心理健康档案。每年除了为教师做必要的身体检查外，还要请一些心理学方面的专家学者来校讲学。疏导教师情绪，缓解工作压力，解决教师在工作中积累的疑难问题，使教师的不良情绪得以释放，提升每位教师的心理健康水平，为学校的发展建设服务。康成老师说："有一种方法就是'教师团体心理工作法'——教师在活动体验中，彼此分享，提出问题，交流沟通，面对压力如何应对，解决的意义就在生成之中。"这种方法，如果有专业的教师在场，或者有教育教学经验丰富的教师在场，进行心智碰撞，意义分享，效果会更好。

五

心理的问题关键在于引领，榜样的力量是无穷的。学校要对教师的集体生活给予更多的关注。关注健康，关注教育教学，关注教师情感情绪的变化，就等于关注教育的未来，因为教师是学校教育的未来。学校要多倾听教师心理上的需求，生活上的需求，并给予恰当的支持、鼓励和帮助，就会从外部环境化解教师的心理问题。从教师自身的角度来看，化解的压力源在自身。人活着总有方式方法让自己活得快乐一点儿，这是生存的本能。所以，教师自己要有应对压力的方式和解决的角度，那么，压力就可能不是压力了，压力可能就会变成动力。

教师的工作是辛苦的，高负荷的工作运转，身体可能也有吃不消的时候，因此，要对自己好一点儿。要注意休息，努力调解自己，加强体育锻炼，让心情放空——"一场淋漓，一地闲愁"。用锻炼调整心态是古法，新的精神营养餐还是要关注现代心理科学。通过读书，寻找救治的依据。因为读书除了陶冶和滋养，还有反作用，使工作占位更高，更有层次，解决问题的角度会更独特。当所有人都在抱怨的时候，你可能会感激他们所抱怨的这个问题带给你的思考。因此,看问题的角度不一样,对待工作的态度就不一样,当然整个工作效率也就不一样。

总之,教师的心理健康问题是一个重要的话题。因为教师从事的工作很大程度上是灵魂的拯救与救治的工作。"但愿众生皆得饱,不辞羸病卧残阳",这就是教师的情怀。

教师减压,校园就会阳光普照。

观察和认识世界的"三度"：态度、角度和深度
——关于"办人民满意的基础教育"的思考

题记：故学以辅德，礼以文质。

——汉·桓宽《盐铁论》

办人民满意的教育，从外部而言，就是政府满意、社会满意、家长满意。从内部而言，就是教师满意、员工满意、学生满意。无论从哪个角度而言，一个人民满意的教育，首先要有一支高素质的教师队伍，教师们师德高尚，教学本领过硬。其次，良好的校园环境建设，也包括学校软环境、校园文化、人文关怀等——尊重学生的个性、特长，关爱每一个学生的健康成长。

在这里，我们讨论办人民满意的教育，是有前提的。在当下，主要表现在升学考试分数上。考试分数高，人民就满意；考试分数低，人民就不满意。智育是被首先提到的。至于其他的素质教育就可能被淡化。我们看到，家长总是对学生的知识积累要求比较严格，而忽视学生的创新能力以及综合实践能力。家长对具体办学者的满意是"一俊遮百丑"式的满意，就是孩子的

成绩是前提，其他的都可以免谈。

而实际上，对于学校教育而言，我们都清楚分数不是评价学生唯一的标准，还有比分数更重要的标准，那就是学生的品德修养。学校对学生的品德教育，是为学生一生奠基的教育，是学生生命中最重要的组成部分，是学校培养学生的终极目标。

一

有人这样认为，只要现行教育体制中有一种现象存在，那人民就可能会不满意，这种现象就是择校。比如说，以前有权有势就可以上好学校，没钱没关系只能听任摆布。这是"人民不满意"的基础。目前，随着私立校的不断扩张，公立的学校师资队伍出现了"纷纷逃亡"的现象，公立学校的管理体制到了瓶颈期。

当然，制约的因素会有很多，而重要的一点是工资待遇问题。公立学校完全是按学区分配进行收费，而私立学校是跨学区招生（虽然政策不允许，但也一直这么做），经费资源充足。在教师用人机制上，公立学校教师队伍明显老龄化，有的公立校十年不允许招聘教师，师资力量严重不足也还在坚持办学。而私立学校就没有这些条条框框，随时可以淘汰不能胜任教育教学的教师，用人机制灵活。公立学校如果有学生、家长不满意的教师，学校只能说服教育，甚至放到图书馆、阅览室，不能解聘。教师教学水平肯定是有差别的，每个家长也都希望自己的孩子能找到一位优秀的教师来授课。但在公立学校，相对优秀的教师毕竟是少数，多数已被私立学校挖走。许多教师已经清楚地认识到在编或非在编已不重要，因为退休后的工资待遇都差不多。

二

在一个城市中，总有最优秀的高中、初中或者小学，家长在择校时就认准这几所学校，如果孩子不能到这样的学校就读，那么，"人民就不满意"。其实，世间总有这样的道理，适合自己的才是最好的。家长在择校时，要清楚地认识到哪个学校是自己的孩子适合的，那就是最好的。否则，搭人情、找关系，最后择校才清楚，教育是分层次的。不在同一个层次上的教育，受教育者是何等的苦恼与烦忧。在这里，我们知道家长择校就是选择教师队伍，其他条件还在其次。

为什么优秀的教师总是聚堆？主要还是学校的待遇好。公立学校的教师待遇基本上差不多，只不过在绩效工资上，学校领导要多挣一些。但是，出现师资力量不均衡的原因，是私立校的产生。对于中小学而言，教师也是吃青春饭的。在课堂上，小孩子都会喜欢"貌美如花""帅呆酷毙"的老师。在这里，我还是建议在基础教育中，五十五岁开外的教师就可以离开教学第一线了，有本事的就在幕后做教育规划，指导年轻教师成长。基础教育不同于高等教育，高校教师或许在专业领域越老越值钱，教学经验以及学养都积累到很深的程度。但在基础教育中，教学内容有教学大纲的限制，知识有自足性，不允许"超纲"，但要求教师的青春活力。张晶老师说："新课程的外语教学改革对老师的要求非常高，年纪大一点儿的老师就很难适应。教学讲究身体力行，如果头昏眼花，思想还固执，就注定被淘汰。"可以想见，上了年纪的中小学教师还想参与当今的课堂教学改革，的确是有点儿难为情的事情。但是因为他们在编，还没有退休，公立学校还不允许招聘非在编教师，这样看来，用人机制与教学实际的冲突是十分严重的。

公立学校按整体的学校教师编制计算，凡有学校必定超编。但是如果按一线教师计算，却又严重缺编。这是一个教学供需矛盾问题，需要机制保障，需要教育行政部门统筹考虑安排。否则，教师队伍将难以为继。但是，均衡都是相对的均衡，不可能把每个学校的师资力量都精确到小数点后面的几位数。这是不可能的，也无法做到。大致如此就可以了。最主要的就是不能出现明显的师资力量悬殊的情况，那就是人民不满意。所以，学校的优先发展还是在教师队伍的体制上、制度上以及建设上考量教师教育与教师发展。

有人认为：教师队伍可以不稳定，这样才能产生新的机制；但教师队伍要有梯队建设，这是学校发展的需要。试想，一个不稳定的教师队伍，如何加强教师的梯队建设呢？要想改革用人机制，就要打破行政垄断，用人或者裁人，全由用人单位决定。要吸引更优秀的毕业生到基础教育当中来，唯一的办法就是提高教师的工资及福利待遇。

三

教师，既要有"仁爱之心"，还要有一技之长。这两点是做教师之本。至于教学经验与方法，还可以在工作中渐渐习得。为此，基础教育在教师队伍的培养上，要把好用人观，是可塑之才，然后再深入培养。争取五年之内本地知名，十年之内全国知名。老教师要做的是，"扶上马，再送一程"。

良好的师资队伍建设，是人民满意的必要条件之一。同时，一进校园，感觉像花园似的学校，也是人民满意的条件。学校的环境建设以及校园的文化建设是由经济决定的。有钱就有好环境。但公办校是政府的学校，资金投入在于政府的划拨。比如标准运动场、风雨操场，还有舞蹈室、音乐厅、各种功能齐全的会议室等，都需要政府的大力支持与投入。

在这里，我们探讨人民满意，还体现在人民对教育结果的满意。在网上，有这样的一个资料：德国孩子一般三岁上幼儿园。在上小学之前的三年时间里，他们会参观警察局，学习如何报警；参观消防队，学习如何灭火和躲避火灾；参观市政府，了解市长如何为市民服务；跟着父母学会坐公交车记住回家的路线；跟着老师去超市买东西学习如何选货和付款。这些基本的生存能力就是德国的学前教育。中国的幼儿教育在这方面还存在缺陷。

权衡中外幼儿教育的利弊得失，我们清楚地看到，孩子的养成教育是为孩子的一生垫底的。父母是孩子的第一任老师，为孩子做终身指导，也是孩子一生受用不尽的资源。做好孩子的基奠工作，家长应该进行全方位的思考，要努力调整固有的教育思维导向。特别是在儿童期一定要注意培养儿童的创造力，基础教育也是成就辉煌人生的基础，没有了创造力，一切将无从谈起。对此，贾志江老师说："一定要教育孩子，自己的事情自己做。创造力的养成是在实践的过程中。办人民满意的基础教育，培养孩子的创造力应该是一个硬性指标。"然而，教育评价不要只停留在分数上，更不能把基础教育量化的指标、考核的指标，最后窄化为考试分数——升学率是学校唯一的生命线，而别的指标都是虚拟的、弱化的。

四

正确的做法是应试教育和素质教育两手抓，两手都要硬。而不能像有些个别学校搞假的素质教育，做表面文章。以素质教育之名，行应试教育之实。素质教育不仅仅就是唱唱歌，跳跳舞，打打球而已，素质教育应该培养学生个人的创造能力、对世界的认知力、公共视角以及团队意识。

要知道，一个人的力量终究是有限的，"独木不成林"，合作才能使人生走得更远。如果说孩子具备了这样的素质，那应该是基础教育所要追求的。教育是不区分界限的，特别是人性的教育。世界上有许多优秀的教育应该为我所用，取其精华，去其糟粕，生成更好的教育资源。日本教育在网上也有报道中国小孩和日本小孩互相交流学习。在《一顿午餐的思考》的文章中这样写道："日本小孩自己到餐厅后厨把饭箱端出来，然后去分给每个人。在吃饭的过程当中，他们每个人的餐盘真正做到了舌尖上的不浪费，干干净净。他们将用过的玻璃奶杯平放在餐盘上，还知道帮助中国孩子收拾卫生。这不是一餐饭的问题，而是少年教育的增长点的问题。"作为教育工作者，我们知道我们每天都在做什么。

总之，百年大计，教育为本；教育大计，教师为本。"办人民满意的基础教育"关键在于教师。提升教师队伍的基本素质，优化教师结构，是作为教育行政部门首先要思考的问题。不能把基础教育窄化为一种中高考的教育，全社会的人只注重分数，把人民满意的教育变成满意中高考分数的教育。要看到另外的空间，比中高考的分数更重要的教育空间，那就是孩子的价值取向以及评判标准。身为教育工作者要教育学生把握"三度"——观察和认识这个世界的态度、角度和深度。

从儿童起，塑造美丽人生
——人生的所有结果都与童年有关

题记：从美的事物中找到美，这就是审美教育的任务。

——席勒《美育书简》

每个儿童都存有一个自组织的神秘的生命系统，生命体的复杂性与差异性是现代生命科学与教育技术所无法破解的，尤其是在"人之初"。相传，在上古时期，有一个伟大的女性叫太姜。太姜在怀孕期间就有意识地听古乐，观花赏舞，还高声朗读优美的诗句。也许这样的胎教在今天并不稀奇，但在人类文明的早些时候，这样的做法却是难能可贵的。于是，一个伟大的王朝——周室王朝诞生了。在周室王朝中，三个伟大的女性（太姜、太任、太姒）养育了三个伟大的男人——周文王、周武王和周公，从而为周朝八百年的江山奠定了坚实的基础。由是观之，儿童早期教育是极为重要的。对此，育儿要有备而生，不能没有计划。

近年来，随着教育理念的发展与进步，早期教育越来越受到人们的重视，现已成为教育科学中的一门显学。有研究资料表明，一个优生的儿童是非常讲究母体质量的，甚至与母体的受孕时间、环境以及天气变化等都有重要关系。说明人是生态的产物，完满的人性 85% 来自后天的"劝学"。"孟母择邻"的故事告诉我们，赌徒的潜质与雅士的风范都源于生存的道场，所谓"致中和，天地位焉，万物育焉"，这也是生命固有的程序。

我们知道，一个健康的儿童刚一出生时就打开了所有的生命系统——听觉、视觉、味觉、嗅觉、触觉等感官协同参与。如何更好地促进这些器官的发育？这就需要教育设计，科学育儿。相比成年人，儿童更喜欢鲜亮的颜色。因此，在孩子生活的空间里应该有诸如橘黄色、绿色、粉色等颜色。而在成年人的眼里，诸如黑色、灰色等也很好看，但儿童不喜欢。正如有的育儿专家所言，在出生两个月后的健康儿童，孩子的眼神就会跟着光走，超大的黑眼仁就像"黑洞"一样急需光感，年龄大了反而怕光。而音乐又是对听觉最好的训练，优雅舒缓的乐曲比较适合婴幼儿来听；如果是节奏感较强的打击乐，则会让他们产生心理上的焦虑与烦躁。

儿童早期教育有一重要解码是"对话"。三岁之前是儿童语言词汇储存的黄金期，家长要有意识地培养孩子的说话能力。如果孩子后天语言表达相对迟缓，甚至出现语言障碍等情况，那么错过的就不只是这个黄金期，或许还有美丽的人生。因此，"不理解就不教"是不对的。实际上，在弗洛伊德精神分析的理论里，孩子即使不懂也会在潜意识里储存某些概念或者判断过程（儿童的双眼就是两台摄录机），长大以后，这些概念或判断一旦遇到相应的环境就会被唤醒，从而产生蝴蝶效应。

我们知道，原始的早教就是玩儿，但玩儿里学问大。在看似随心所欲的玩耍中，要有意识地陪护和引导，但不要限制孩子去玩儿什么，因为这样会引发孩子的逆反心理。研究经验表明，一周岁半的孩子喜欢动手去插墙上的小洞洞，比如，电源插孔。孩子是想用手去感受洞有多深，空间有多大，但这个很危险，要注意看护，可以改换其他方式让孩子尝试。水和沙子是这个时期孩子的最爱——柔软、随意、具有不确定性，可以生成无数的想象。让孩子去体验这些游戏，是因为这是孩子手指分化的关键期。体验是为了获得技能的满足，一个一周岁的孩子，你喂他饭，他也许不吃，但掉个饭粒儿，他会捡起来放到嘴里，他就是要享受这个过程。

在孩子认识世界的过程中，听觉是最早发育的。说来也比较神奇，一个朋友讲了这样的亲身经历：他爱人在怀孕时常听美国乡村音乐，还有奥斯卡获奖影片的主题曲。等他女儿周岁时，又在无意中重新播放了这些乐曲，他说他女儿听得手舞足蹈。这说明孩子的大脑早已存储了这些信息，人的大脑是个超大的云空间。

对此，要为儿童科学合理地安排游戏——"玩儿"也是一门科学。在儿童"以玩儿为主"的前提下，早期的智力开发诸如会背多少首唐诗，会做多少道数学题，不重要。重要的是要懂得'物有本末，事有终始'的道理。假如一个三岁的儿童用热汤浇花，这是违背常理的，但听奶奶说，喝热汤有营养长得快，你就理解了孩子为什么这么做了。因为在儿童的世界里，每一件物品都会被看成是有生命的个体。

儿童教育也是需要有课程设置的，许多儿童教育专家也都这么认为，但这个课程设置也是有规律的，要根据个体的成长发育而定。比如说三个月的孩子有个关键的运动能力——翻身。孩子翻身的过程是锻炼腰和颈椎的过程。等到"六坐七滚八爬"时，这项运动的魅力就呈现出来了。成年人的气宇轩昂也是来自腰部的力量。因此，不要忽视这个运动。

在感知能力上，儿童早期教育的课程设置又是没有逻辑的，是复杂多元的。例如语言智能、音乐智能、思维智能、自省智能以及自然观察智能等。重视从多元智能的角度来培养孩子，孩子的成长发育就会很快。这里面还包括对孩子的情感情绪以及心灵等方面的培养。比如亲子教育，亲是跟父母亲，不是跟爷爷奶奶亲，这是母体的魅力。当今社会有一个普遍的现象，很多孩子存在焦虑心理和不安全感，这主要来自原始家庭母爱的缺失。母爱不是物质上的满足而是精神上的关爱与陪伴。心灵上的满足远大于物质上的满足，这是爱的真谛。

要让孩子尽早在集体中学会交往，通过别人学会感知自己、认识自己。意大利教育家玛利亚·蒙台梭利的"敏感期教育"就说明了这一点——人在不同的阶段对不同的认知环境、不同的能力都有一个兴趣点，这个兴趣点他会反复，反复的过程中孩子对环境有吸收的能力，这种吸收可以称为无意识吸收。有人说，有的孩子上了小学以后就特别喜欢数学，根源在哪里？也许是孩子在幼儿园里反复搭建那几块积木激发了孩子的逻辑思维，而并不是对数学加减法的运算兴趣。因此，懂得育儿的科学理论会指导家长少走弯路，尤其是那些"初为人母"而对这个小生命无所适从的年轻妈妈。

儿童的早期教育具有不可逆性。因此，选择好教材、好教师尤为重要。然而，当今儿童早期教育的师资状况是良莠不齐的，好一点儿的早教机构收费又很高，且有贵族化倾向，一般家庭承担不起。社区开展培训教育就是一条可行途径，可以定期组织早教专家、学者、志愿者到社区，宣讲早教知识。当然，这离不开地方政府加大对教育资金的投入，也不离开文教等相关部门的通力合作，形成格局，把儿童的早期教育做好。

总之，"训子可就师傅，教儿优于严君。"寄望一代更比一代强。然而，儿童的早期教育绝不能揠苗助长，要因势利导，顺其自然，尊重儿童的个体差异，更要尊重儿童的健康成长和拥有无比快乐的童年的权利。

人性的原点与幼教的深度

——关于普惠幼儿园中长期发展规划的个案研究

题记：新教育的基本目的就是发现和解放儿童。

——蒙台梭利《童年的秘密》

根据长春三立教育集团幼儿园中长期发展规划的实际需要，我对吉林省 6 所幼儿园进行了为期 5 天的调研工作。在整个调研过程中，我深深地懂得幼儿教育的分量之重，它是人性养成的原点，是一个孩子睁眼看世界和认识世界的开始，是"人之初"。

然而，在当今社会，总有些人以各种理由不重视幼儿教育工作，认为幼儿教育就是"哄孩子"的事，其实不然。要知道，人是历史的目的，人是现代性的目的。那个著名的"钱学森之问"告诉我们，中国的教育能培养出什么样的人，我觉得应该先从幼教工作中寻找答案。那种健康的、活泼的、清纯而善良的幸福感应该是中国教育培养的方向。这个意义十分重大，无数的幼教工作者为此薪火相传。事实上，《现代学校宪章》早就指出，学校的中心工作是孩子们，每个孩子在校的主要任务是借助老师们的帮助来构建自己的人格，我认为幼教工作的深度也正在这里，即教育要使人不断地向着人的丰富性回归。

调研的形式以实地考察与交流座谈为主，主要围绕以下几个方面来进行：幼儿园的历史沿革与生存现状、幼儿园面临的困境与出路的寻找、幼儿园未来的规划与发展愿景。

一、普惠幼儿园的两个时间节点

（一）2006 年以后

2006 年 4 月，长春三立教育集团出台《关于幼教工作进行部分调整的方案》，确定对幼儿园实行半企业化管理运营模式，幼儿园年收支状况良好，经费运转正常。

（二）2013 年以后

由于国家大力提倡开办"普惠性"幼儿园，长春市从 2013 年 1 月起执行新的收费标准，即 1125 元 / 月 / 孩。收费标准降低与当今市场物价普遍上涨，致使 6 所幼儿园的正常运营受到严峻挑战，有的幼儿园已经入不敷出。

（三）长春三立教育集团 6 所普惠幼儿园生存现状图解

长春三立教育集团 6 所幼儿园占地面积约 60000 平方米，建筑面积 17000 平方米，固定资产总值 500 万元，共有 60 个教学班，在园幼儿 1800 人，共有教职工 321 人。

二、幼儿园面临的困境与出路的寻找

周边平行幼儿园的崛起，带给我们一个最大的思考就是"教育市场的发育和占有"的问题。

现今的著名的幼儿园拥有广阔的教育市场需求,丰厚的生源支持,这是"名园效应"。如何保持"长春三立教育集团"的品牌优势,引导世人的教育消费,尽可能多地占有最大的市场份额,形成教育系统内部的名园共同体,支撑幼儿园的良性发展,这是目前我们要思考的问题。

教育已经市场化,教育在市场经济势力面前,个人是无能为力的。试想,哪个幼儿园的领导和教师不想把自己的幼儿园办好,但在市场化的"名园效应"下,弱小的幼儿园纷纷倒闭。"兔死狐悲",我们也面临同样的问题:

(一)生源的流失

由于省市政府对省属和市属的幼儿园扶植力度加大,幼儿园的硬件设施好,加之平行园的制度和待遇的吸引,导致幼儿园的生源流失严重。

希望学校相关领导能够根据实际需要为幼儿园提供切实可行的政策支持与资金投入,如可否考虑与名牌的附小、附中进行有效衔接。这样一方面可以稳定生源,同时也可为名校的附小、附中提供优质的教学资源。

(二)经费紧张

现行的幼儿园是属于自筹自支、自负盈亏的单位。每年需要上交收入的 22% 给集团,同时还要为教职工缴纳五险一金及发放工资和福利待遇。2013 年托儿费调整后,幼儿园的收费总额比先前少了将近一半,加之课后班停办、设备修缮和更新等一系列问题,希望集团相关领导能够在政策上对幼儿园给予相关的扶持，如幼儿园教师的岗位津贴和业绩津贴的发放，或者减免上交集团费用以及允许调整集团内职工子女入托的费用。

（三）教师的编制

由于没有正式的国家编制，幼儿园就招聘不到优秀毕业生；由于没有正式的国家编制，在园的优秀教师就留不住。

希望集团相关领导能够适当考虑解决教师的工资福利待遇问题，调整教师的工资结构，激励教师的工作热情，稳定教师队伍。

（四）环境的改造

多家幼儿园都存在围墙破旧、楼漏水、保温差、缺少大型玩具和绿地胶等情况，需要加大投入进行整修，以保证幼儿园的安全运行，同时也为孩子们提高在幼儿园生活的质量。

（五）高龄教师

"幼儿园也是一个吃青春饭的地方。"教师年纪大了，人体的各个机能都随之下降，已经不适合幼儿教育工作。如何安置幼儿园的高龄教师是幼教工作的新问题。可采取转岗或一对一的看护方式来解决。

总之，幼儿园的确有实际的困难在，但幼儿园的领导和教师都表示，不敢向学校提出问题，若要提出实际问题，特别是钱的问题，就"黄园"。

三、幼儿园未来的规划与发展愿景

有人说，在一个处在不断地断裂、离散和整合的时代中，怎样才能重建生存的信念，每个团体（或者每个人）都需要找到一个支点。长春三立教育集团幼儿园在生存与发展的途路上，又面临着一次新的挑战。那么，吉大幼儿园生存的支点是什么？2010 年国务院出台《国家中长期教育改革和发展规划纲要》(以下简称《纲要》)，幼儿园应该以实施和践行《纲要》为契机，根据幼儿园发展的实际情况，构建幼儿园教育中国梦的整体框架，用战略的眼光对以下问题进行前瞻性的思考。

(一)幼儿园发展规划的稳定性与渐进性分析

幼儿园的保教质量，是幼儿园长期发展的决定性因素。通过调查表明，现代儿童的成长需求呈现出日益复杂化和多样化的特点，家长在选择入园条件时，也已经由过去重在考虑个人工作便利、接送方便，转变为重视幼儿园的硬件环境和软件建设上。软硬件条件好，就能吸引后备生源，抢先占领招生市场。在学制上，可根据自身条件开设全日制、全托制，还可以增加半日制计时收费等多种形式供家长选择；在服务类型上，可增加双休日服务、及时服务、寒暑假服务等。

亲子活动已经成为现代教育的一项重要内容，可以针对年轻家长开办亲子园。亲子园可采取比较灵活的组织形式，专门针对周边社区的 0-3 岁幼儿及其家长开班，根据年轻父母教育经验不足的特点，将教育的重点确定为家长，通过教育理论的辅导和教育方法的普及，为社区散居婴幼儿家庭提供直接的教育指导，即"家长教育课"。这样，既提高了家长科学育儿的理念和技能，促进了散居婴幼儿的健康成长，同时培养了潜在生源，能有效提高幼儿的入园率。这样做起来，相信幼儿园未来发展会有一个光明的前景。

（二）近年来幼儿园的发展所取得的成就和我们必须长期坚持的基本经验

长春三立教育集团幼儿园已走过了几十个春秋，有的幼儿园还会更早。辉煌的历史叙写了幼儿园园丁们拼搏的汗水和聪明的才智。在保教并重的教育理念下，幼儿园的工作取得了长足进步和跨越式发展，成绩喜人。

1. 近年来幼儿园的发展所取得的成就（以三园和实验园为例）。

对教育规律和市场运作的把握，新老教师之间的传帮带作用，干群之间的沟通与诚信，师生之间的和谐相处与不断地努力，这些都是幼儿园取得成就的极为重要的因素。概括起来有三点：

（1）环境的改造

每个幼儿园都为环境的创设付出了艰苦的努力，才达到今天这个模样。但已经是优化了环境，并得到了强有力的改善。

（2）团队的主动发展意识

三园和实验园现在是名园，这是全体幼儿园教职工努力拼搏的结果。但将来是不是名园，这不好说。因此，要追求主动发展意识。我们周边还有更有名的幼儿园在崛起，省直幼儿园和市直幼儿园等。要有危机感和紧迫感，逆水行舟不进则退。大家都在发展，我们在千帆竞秀的同时必须独占鳌头，保持优势。追求独占鳌头的意义，就是为了更好地生存。

（3）课程模式的改革，赢得了家长的好评

现在幼儿园打破了传统的"一刀切"的课程模式，推行多元化的课程模式，诸如蒙氏教学法、外教课、彩泥课程、奥尔夫音乐课程等等。

多年来的辉煌业绩给了幼儿园的园丁们以无比的自信，同时也构筑了幼儿园的园丁们谋求新发展的平台和广阔的空间。然而，要想实现幼儿园的再次崛起，我们必须在成绩面前冷静下来，清醒而理性地认识我们所处的教育市场和我们自身的发展条件。

2.幼儿园必须长期坚持的基本经验

（1）教师的爱心

爱是最重要的师德。没有爱，就没有热情；没有热情，就不会有奉献精神和创造性的劳动。教育是心灵与心灵的沟通，灵魂与灵魂的交融，人格与人格的对话。教师对学生的爱是力量的源泉，学生对教师的爱是最高的奖赏。

当一名教师，首先是要做一个充满爱心的人，把追求理想、塑造心灵、传承知识当成人生的崇高追求和最大乐趣。要关爱每一名孩子，关心每一名孩子的成长进步，努力成为孩子的良师益友，成为孩子健康成长的指导者和引路人。要不计名利、甘为人梯，要充分体现中国知识分子以天下为己任的崇高境界——成功不必在我，奋斗当以身先。

道德的分量有多重，人生留下的脚印就有多深。

（2）服务意识和责任意识

幼儿园的一项重要工作是做好服务。服务质量的好坏和服务能力的高低，应当成为评定幼儿园管理好坏的一项重要标准。凡事想在先，才能做在前。我认为服务的超前性是服务质量的标志，这一标志标明了幼儿园工作的时间特征。没有超前性无所谓服务，超前性是所有服务的重要特征。

要追求更大的发展更需要有责任意识。现在幼儿园"园长对教师负责，教师对学生负责"的风尚已经形成。因为幼儿园是教师的幼儿园，课堂是孩子们的课堂。一定要时刻想着现在的吉大幼儿园的园丁们要对未来的吉大幼儿园的园丁们负责。

（3）现代性的环境创设

对儿童生活环境的改造要不断地创新，要不断地紧跟时代，要与城市的发展相适应，不断地让孩子对周边的环境感兴趣。生出许多新鲜的事物，就会带给孩子以无尽的乐趣和思考，增长无穷的智慧。

（4）教师的终身学习，包括"请进来"与"走出去"

当今时代知识更新换代的周期越来越短，每个人都需要不断学习才能适应工作要求。教师是知识的传播者和创造者，要不断地用新的知识充实自己。教师只有学而不厌，才能做到诲人不倦。

（5）早教与幼教的分离

早教（0—3岁），突出一个字，"玩儿"。一定要让孩子在吃好、喝好和睡好的前提下，玩儿好。玩儿是儿童的天性。

幼教（3—6岁），突出两个字，"培养"。即兴趣培养和习惯培养。能激起这两种培养潜质的，一是生动形象的东西，一是有思考价值的东西。生动形象的东西培养兴趣；有思考价值的东西培养习惯。

（三）幼儿园未来发展的总体规划与具体实施计划

一般来说，从全国的形式看，东北学校的软件优于硬件，教师队伍、教学管理水平在全国的棋面上处于前沿的位置；但办学的硬件条件，尤其是办学空间与发达城市还有相当的差距，吉大幼儿园是比较典型的。

1. 总体规划

认真把握政策，充分利用政策，抓住机遇，明确工作思路，寻求幼儿园发展的突破口。在现有条件下，一是精耕细作、保持品牌、赢得质量；二是抓住机遇、理性发展、赢得效益。这首先要做到调整好部门结构，建设一支"有思想、有活力、能开拓、善管理、廉洁诚信"的幼儿园领导集体。

（1）幼儿园发展的基本定位："高素质、高效率、国际性、现代化"

（2）一所优质幼儿园的标准

占地：20000 平方米，要大气，绿化标准高，要有 30 米跑道、风雨操场、多功能礼堂、种植区和养殖区、大型玩具、沙池和水池、区域游戏区等。

建筑：9000 平方米，四层楼，每班要有独立的教室、寝室和盥洗室。建筑要有时代感，要有儿童特色，要注重色彩搭配。

孩子：500 人

班额：20 个班

班额人数：

2 岁：15 人／每班

3 岁：20 人／每班

4 岁：25 人／每班

5 岁：30 人／每班

6 岁：35 人／每班

教师：每班两教一保，总体 80 人左右，其中包括园领导、办公室人员、财务人员、保健医、资料室人员、后厨人员、保安和更夫。

这是必要的硬件建设，当然，更主要的是软件建设，管理、师德、园风等等。如上海标准幼儿园有 10 条标准：①定期提供孩子总体发展状况的评估表，并及时与之沟通；②需要很注重幼儿非智力因素的培养；③活动场地的规模必须要满足幼儿一定程度的体能运动需要；④需教会儿童睡眠、排泄、盥洗和饮食等方面的良好习惯；⑤希望孩子入园一定时间后会表现得很尊师爱园；⑥应当运用游戏的方式教学；⑦孩子就读幼儿园周围的噪音、空气等必须达到一定的环保要求；⑧重视幼小衔接；⑨给予孩子中国传统的"仁义礼智信"以及现代西方的"自由、平等、博爱"的观念教育；⑩饮食必须合理调配营养，满足幼儿成长发育需要。

（3）"求新务实"是幼儿园发展的总主题

"求新"就是在新的环境下寻求新的机遇，研究新的发展策略；就是对新形势新要求的反映；就是摆脱惯性，走出俗套。面对新的环境，我们必须积极反应，与时俱进，使幼儿园的发展具有前瞻性、计划性和持续性，幼儿园的发展不能摸着石头过河，因为市场经济下的幼教工作，盲目发展就意味着失败。

"务实"就是脚踏实地，实事求是，立足现实，完成求新的目标。因为脱离实际，一切都是空谈。务实就是寻求主观与客观、理想与现实的中介，就是探讨怎样精耕细作，保持品牌，注重质量，实现幼儿园科学发展，再创长春三立教育集团辉煌的教育中国梦。

2.具体计划

第一，正确处理"保""教""学"的关系。

要知道，在幼儿园，"保"比"教"更重要。"保"的核心问题是"使学生安全度过每一天"。"教"的核心问题是"如何提高课堂教学效率"，防止在教学上浪费时间，幼儿园要为课程改革和教师发展提供时间。"学"的核心问题是"培养孩子的自主学习能力"。孩子的自主学习能力在于教师善于激起他们运用自己的智慧去解决一些疑难问题的愿望——使他们感到面前有高峰，相信他们凭借自己的力量能够去攀登。

第二，幼儿园的发展要走特色发展之路。

幼儿园的整体发展要平稳，但必须寻求自身的办学特色。本着"人无我有，人有我专"的原则，形成幼儿园的独立特色。如服务特色、教学特色、工资特色（绩效工资）、安全特色、伙食特色、游戏特色等。特别是教师特色的培养，要突出表现在学科教学、科研水平、教育能力、专业优长等；要制订培养方案，给予出书和搞实验的资金支持。特色就是发展力、竞争力、生命力，这一点是我们缺少的。

第三，在几年之内，实现幼儿园办学体制的转变——公立幼儿园和私立幼儿园，实现幼儿园双部式管理的转变。

努力扩大办学空间，优化教育资源结构。在吉大南北两区各建一个完全公立的幼儿园，满足教师子女就近入学的需要。其他5个幼儿园全部私人化运营。私立幼儿园是幼儿园发展的重要空间，也是学校发展的重要资源和生长点。因此，要在观念上、管理上、教学上提高幼儿园的办学品味，并且在社会上产生广泛影响，赢得良好的社会声誉。

总之，通过 5 天来的调研活动，我深刻地认识到幼教工作是琐碎而繁复的，但幼教工作充满着神圣感和使命感，是为中华民族培养具备现代公民素质的人在涂抹底色。还记得一个诺贝尔奖得主在接受采访时说："我的所有的良好的习惯和对科学的兴趣都是在幼儿园养成的。"

当然，通过调研交流，我觉得幼儿园要探讨的问题还有很多，诸如办学体制的改革、幼儿园的产业化问题、扩大优质资源与基础教育均衡发展的问题、幼儿园人事和分配制度改革的问题、发展现代教育技术在幼儿园的应用、幼儿园课程改革与教育问题、幼儿园园长职业化问题等等。这些问题，使我们明确一个道理，我们不仅要坚持按教育规律办园，更主要的是按市场经济规律办园。

长风破浪会有时，直挂云帆济沧海。只要我们尊重教育，敬畏生命，认识规律，把握机遇，本着"求真务实"的精神，客观理性地面对现实，勤奋进取，努力拼搏，相信长春三立教育集团幼儿园的未来会更加美好！

编者注：文中所涉幼儿园多为化名。

论"幼儿教育小学化"的危害

——天下忧士最难求

> 题记：儿童的生活，是社会的一面镜子。
>
> ——陶行知

幼儿时期，孩子的行为方式多表现为自然人的特点：行为随意，想法怪异，并且经常是多种表情聚集在一起，哭与笑往往同时进行。到目前为止，儿童教育的早期开发仍然是个谜。或许，混沌状态才是人最真实、最智慧的状态，开蒙就分化了。一个最好的注释就是庄子的《混沌之死》。"南海之帝为倏，北海之帝为忽，中央之帝为混沌。倏与忽时相与遇于混沌之地，混沌待之甚善。倏与忽谋报混沌之德，曰：'人皆有七窍，以视、听、食、息，此独无有，尝试凿之。'日凿一窍，七日而混沌死。"这就是所谓"混沌而生，凿孔而死"。

一

人的成长历程是分阶段性的。从幼儿园到小学的过渡就是从自然人到社会人的过渡。因此,幼小衔接教育就显得十分必要。在升入小学前,要重视幼小衔接教育。

从小学开始,孩子要接受九年制义务教育,这是国家的责任,也是义务。孩子要接受小学教育并完成教育内容,同时懂得社会公德,遵纪守法。幼小衔接教育的核心问题是调整适应能力。简单地说,就是做好生理适应、心理适应和行为适应的准备工作。张玲老师说:"这个年龄段,要使幼儿有效地从思维方式、学习习惯、社会技能等方面适应小学生活,顺利实现幼小衔接,十分必要。"

幼小衔接,在20世纪90年代就有专家提出,但时至今日仍没得到很好地落实。当然与培养者的主观愿望与教育方法有关,具体表现在以下几个方面——重视心理,轻视身体;重视信息量,忽略思维能力;重视定型培养,忽略个性成长;追求个人价值实现,忽略社会公德和社会义务的担当。究其根源,是教育者对教育对象的理解问题。

教育对象随着时代的发展、社会的进步,一直都在变化。对此,要更新传统育儿观念,懂得做好幼小衔接教育的必要性。衔接教育是一个自然的过程,不必苛求,但做一些必要的准备工作,还是有意义的。在幼儿教育的过程中,教师或者家长要本着"大行不顾细谨,大礼不辞小让"的原则,引导孩子慢慢适应,顺利过渡。当然,现在的幼儿园几乎都有幼小衔接班,如何避免幼小衔接教育中的"幼儿教育小学化",这是教育工作者要思考的问题。

二

日本教育家木村久一在《早期教育与天才》中说："要培养性格毫无缺陷的小孩儿，应该让孩子做他感兴趣的事情，让孩子从中找到生命的原动力，发现生命的喜悦，双亲不可以压抑他，妨碍他。"尊重孩子的个性成长，像架设葡萄藤一样，因势利导，保护天性，率性而为，引导孩子健康成长。放眼未来，儿童教育不能急功近利。有序培育，留有余地。要注重孩子智商与情商的共同发展，渐渐养成良好的社会公德意识，所谓成事先成人。这是幼小衔接应该遵循的基本原则。

那么，幼小衔接到底应该衔接什么？也就是说，孩子在幼儿园的最后一年应该与小学衔接哪些内容？大致说来，比如生活能力的培养，包括生活节奏；智力教育，重点是思维能力；还有学习方法与学习习惯的养成以及道德教育与法制意识等。

幼小衔接其实不只是幼儿园教育的事情，家庭和社会因素都起重要作用，其中家长的作用尤其不能忽视。从幼儿教育的成长来看，家长的教育工作是全面的，从生理、心理以及社会行为等对孩子都有多方面的引导教育，包括智力教育、行为方式与行为规范教育、生活习惯教育、积极向上的心态教育等。

幼小衔接教育是一定要做的，但是幼小衔接教育一定要避免小学化——重知识、轻能力，忽视兴趣的培养。付坤老师说："个别幼儿园盲目超前化，导致幼儿教育小学化倾向十分严重。还有，很多幼儿教师未经过小学专门训练，讲授知识不规范，超范围，导致儿童不良学习习惯。"

在起跑线上，许多家长都担心输掉。这种起跑线上的纠结相信每一个做家长的都会有。这就涉及幼儿园的培养目标问题。在幼儿园要先树人，然后再考虑记忆性的培养和发展问题。并且，这个阶段的孩子更应该注重非智力因素的培养。比如，健康的体魄与健全的人格。

关于"幼儿教育小学化"的问题，2011年教育部就出台了一个通知，防止和纠正幼儿教育小学化的倾向。现在看来这种现象非但没有制止住，而且还有常态化的趋势，严重影响了幼儿教育的健康发展。

从小学一年级学生课业的接受度来看，你就能够深刻体会到这种幼儿教育小学化带来的危害。有的学生在幼儿园里就把小学一年级甚至二年级的语文、数学等课程提前学完了，也就是幼儿园在孩子的学前班上了小学的课程。幼儿园应该以活动或者游戏为主，但是在幼儿园管理的过程中，遵循的却是小学"挺胸背手"的那种非常管理。

幼儿教育小学化，概括起来说就是把幼儿当成小学生来进行教育了，不管是在内容上还是在形式上或者日常的管理上，均采用一种教育小学生的方式来教育幼儿。而幼儿教育和小学教育是有区别的。孩子在成长阶段，身心发展是有规律的。意大利教育家蒙台梭利说："儿童在两岁半到六岁是关键期。这个关键期包括身心发展、习惯的养成以至于意志品质的磨砺等。"儿童心理学家皮亚杰认为，六岁之前是属于前运算阶段，这个阶段不适合写字、运算，适合视觉和听觉的训练与培养，对乐曲和色彩有极强的敏感度。所以幼儿教育小学化实际上是提前打破了这个关键期的培养，变成该开发的不去开发，该培养的不去培养，反而要完成小学阶段的学习任务，这是极其有害的。

三

在概念上，幼儿园不应该叫教育，应该叫保育，小学可以叫教育。"教"和"育"是两个概念。教是手段，育是目的。教是教授知识；育是培养文化。教是注重传授；育是注重传承。传授的是知识，传承的是品质。正如"学"和"习"，也是两个概念，学是学知识，习是少犯错误或者不犯错误。

中国幼儿教育从源头上来说，是一个舶来品，是借鉴西方幼儿园的概念。形式是借鉴过来了，但内容没有借鉴。西方的幼儿教育往往在德育和美育方面下功夫，当今的中国幼儿教育是抢先在"智育"上下功夫，所谓借鉴西方还是所谓"旧瓶装新酒"，就是把中国的传统教育内容——听、说、读、写、算，装到了所谓西方幼儿教育方式上来。传统的幼儿教育方式就是读读书、写写字、学学算数等。这种所谓的幼儿教育总体上说，骨子里面还是小学化的教育。但是实际上中国古代的小学教育，即蒙童教育的开蒙时间比较晚，一般是在八九岁时。所谓八岁入小学，十五岁入大学。入小学，主要学习"洒扫应对进退、礼乐射御书数"等文化基础知识和礼节；入大学，主要学习"穷理正心，修己治人"等学问。

要形成正确的育儿观念。如果孩子在幼儿园期间能够形成友好合作、生活自理以及是非判断等能力，也就足矣。这些能力在这个阶段稳固下来，那孩子将会终身受益。因此，《弟子规》有云："首孝悌，次谨信，有余力则学文，泛爱众而亲仁。"这样的道德培养或者道德教化，固然有时弊等社会因素在里面，但是古人注意到这个问题，因此才教你先立德树人，然后再考虑这些记忆性的培养和发展问题。

幼儿教育不要太过于重知识传授。这个阶段的孩子对于知识的获取是体验式的，是感受的，而非死记硬背的。如果抽象理解，而去形象化教育，那是事倍功半的。在幼儿园学习过程当中，把小学的课程内容移到幼儿园里面来，甚至包括小学的管理模式，那就有一点儿揠苗助长之嫌了。结果或许是白费工夫。另外，幼儿教育阶段，关注力、注意力集中时间长短都有不同。比如说，一个六岁孩子注意力也就十几分钟，然后教师要求坐半个小时甚至四十分钟，并且按照小学课堂的那种规矩，手不能乱动，不能随便大声说话，统一时间去厕所。这是对于孩子天性的抹杀，是极其残酷的。

说起这个话题，幼儿园的教育工作也有自己的难处，就是家长要求孩子要学好语、数、外等主要学科。学好了，成绩优秀者才有可能争得一个去"名小学"的名额。因此，在幼儿教育阶段，太注重评价结果是幼儿教育的主要误区。许多幼儿园都有声明，要给家长或社会一个满意的交代，这是迎合市场运作的轰动效应，那就是孩子在幼儿园里识字多少，数学运算到了几位数，记下多少单词等。这样的量化结果，实际上是塑造了一个学习机器。至于教会孩子如何认知、如何获取的方式和途径，那就是另外一回事了。比如倒杯水，家长往往注重倒的结果而不关注孩子是怎样把水壶提起来的，是如何把水倒进杯子的。其实更多的过程性的东西被忽视了，这也是社会量化要求导致的结果。

幼儿教育小学化可能会带来很多伤害，特别是对于成长中的孩子而言，这种伤害是兴趣伤害。我曾走访过一所幼儿园，去过这个幼儿园里的学前班，这个班的孩子正在诵读长春版的语文教材一年级上册的生字。幼儿园里学到了，将来上小学再看到这个内容，还有新鲜感了吗？没有了兴趣就等于孩子上了小学一年又留了一级，求知欲、好奇心以至于儿童的身心发展规律等，都会受到影响。培养孩子求知的热望是非常珍贵的。

这样，幼儿教育就需要有一个规范，在课程设置内容上，不能说讲什么就讲什么，要为民族负责，为国家负责。北宋哲学家张载说："蒙以养正，使蒙者不失其正，教人者之功也。"所谓做好"衔接教育"，意义就在这里。

四

其实，超前教育与衔接教育是有严格区分的。从幼儿本身接受知识的能力来说，幼儿的身心发展尚未成熟，正处在长身体阶段，大脑发育、视听觉、骨骼发育等还不能让他们保持久坐，所谓一节课四十分钟的时间，对孩子来说那就等于虐杀。刘晓梅老师说："从西方发达国家的幼儿教育来说，幼儿课堂就是二十分钟时间，而二十分钟的时间里儿童也不是正坐在教室里，而是一边学习，一边游戏。信手涂鸦或者拆装组合教学道具，游戏是幼儿课堂教育的主要内容。"而超前教育在幼儿阶段实际上就是一种小学化的教育。这种教育还不同于小升初的教育，初升高的教育，这种教育有其自身的独特性，就是幼儿的接受能力还十分有限。

如果的确存在个别儿童学有余力、精力充沛、智力发展水平跟平常儿童不完全一样，是天才型的儿童这种个体现象，幼儿园老师和幼教工作者就要引起重视，但别误以为这个孩子能够超前学习了而把其他孩子也同样对待，也就是说，不能把个性的东西当成共性的东西来培养和教育。

幼儿教育小学化，其最根本的原因就是家长有望子成龙、望女成凤的错误观念。这种观念在传播的过程中，小学入学考试是直接的罪魁祸首。按照国家的有关规定，在基础教育中，就近入学是不允许按考试成绩录入的，应该按电脑派位入学。但也有个别学校存在通过面试或者其他的方式来择优录取的。这里所谓"择优录取"诱导了一些幼儿园和个别家长提前进入小学阶段，这是名校的功利驱使。因此，许多家长在想象中认为提前学一些小学的相关知识，对升学会有一定的帮助。

因此，在幼儿园里开设语数外等课程，就是中高考的教育投射，是技术化、量化、功利化的结果造成的。没有注意到在幼儿教育阶段，习惯的养成，友爱合作能力等，这些"人之初"的底子是何等的重要。然而，德育无法量化，在幼儿阶段培养起来的道德品质是被感知的。而在幼儿园保育的儿童从两岁多入园到六岁多出园，量化的是技术的结果，会识多少字、会记多少外语单词、会做多少范围内的运算法则等。

早期幼儿教育，特别是语言培养，应该是母语为先。幼儿双语化教学对于一个孩子来说，会有许多问题。有些孩子的确分不清究竟是念"a"还是念"A"。在母语修好后，将来有一定程度的识别能力了，比如上了初中再来学习外语，效果会更好的。所以，我不建议在小学阶段就开外语课，那么幼儿园就更不能开外语课了。

幼儿教育的前提是要把孩子培养成一个健全的人，不但要有健康的体魄，同时还要有健康的心理，让孩子度过一个美好的童年。这就要求家长要纠正观念，如果家长不做要求，幼儿园也就不会向着"小学化"的方向发展。教育也存在供需关系。但是，个别家长却坚持认为，对于能上"名小学"的孩子，不学语数外，又如何可能？——绝不能让孩子输在起跑线上。这样恐吓人心的话又不时地逼促家长，不要被其他孩子落下。

五

在这里，似乎应该讨论一个相关问题，那就是关于人才的评价标准的问题。智育应该是一个标准，体育或者美育也应该列为标准。比如表达或者组织能力不是标准吗？在幼儿园要培养一个健康的孩子，智育标准也就是标准之一，不能成为唯一标准。或许这是陈旧的精英教育观念所致，认为人成为这个社会的精英而忽略了人的情商培养。一座高楼大厦固然高耸，但没有普普通通的一砖一瓦，如何起巍峨？站在塔尖上的能有几个人，人人都渴望成为"人中龙凤"，但那也仅仅是愿望而已。

比如说，"英雄造时势"，英雄对这个世界肯定有引领的作用。但英雄毕竟是少数，普通人才是推动社会发展的真正力量。社会的文明程度是普通人的综合素质指数。

也有部分家长存在补偿心理，特别是那些没有读过名牌大学的家长，让孩子刻苦求学的心理更胜，就怕孩子输在起跑线上。其实所谓的起跑线本身就是一个噱头，是早教机构的一个噱头，是个伪命题。再加上某些不良的社会风气——攀比，个别家长就希望自己家的孩子成为"人家孩子"那样。要知道"十年树木，百年树人"，马拉松没有抢跑的，因为真正的实力在后程。也就是孔子所说的，成为圣人其实没有时间早晚的问题，许多人都是大器晚成——姜子牙八十岁垂钓于渭水之上，八十岁之前干什么了？他在韬光养晦，而后，一举成名天下知。人才的使用标准需要调整。

幼儿教育小学化还涉及一个社会资源、教育资源不均衡的问题。如果每个学校的软件和硬件设施都配套齐全，那么，就会弱化这种幼儿教育小学化的倾向，家长的心理负担就不会太重，不会为了进某个名校，要孩子抓紧时间学习语数外。而实际上，在幼儿园期间，孩子接受什么教育，国家是有规定的。《幼儿教育指导纲要》（1999 年）重点指出这三个方面：健康、科技、社会。至于孩子在学龄前阶段要达到怎样的标准，我认为健康是第一位的，然后才能谈到培养孩子对科技的兴趣以及社会交往能力。但各幼儿园在执行起来都存有严重的功利心，以便迎合家长。

对此，应该立法，要有幼儿园法。监管幼儿园在管理层面的缺失，无论公办幼儿园，还是社会力量办学的幼儿园，都要同样加大监管力度。那就是说，现在的政府职能部门或者是教育行政部门，要重视幼儿教育。幼儿教育是有成长期的，如果错过，那就永远地错过了。幼儿教育具有不可逆性。

因此，要树立正确的儿童观或者是教育观。要端正办园目的——培养对社会有用的人才，为民族复兴、社会进步打好基础。而不是单纯地挣钱，当然通过社会力量办园，不挣钱也不现实。但是，"江山父老能容我，不使人间造孽钱"，要纠正错误观念，不做过级要求，去掉量化指标，尊重人才成长规律，"孝悌忠信、礼义廉耻"是永恒的教育核心。幼儿园也好，小学也好，这八字道德是一个抽象化的概念，如何形象化，进而物化下去，形成一个完整的体系，从而内化成一种品质，渗透到幼儿教育中去，这是一个深刻的命题，还需要我们更多的教育工作者、更多的教育专家和学者来呼吁与正确地引导。

总之，教育家有三支烟：一支点燃智慧，一支闪烁黑暗，最后一支搁在盒子，给孩子们留一些清新。

就近入学与教育资源均衡配置

题记：我仰望着永恒的苍穹，

仰望着你，

啊，黑夜中闪闪的星辰。

——黑格尔

就近入学是作为国家政策存在的。自第一部《义务教育法》（1986年）始，到《教育部办公厅关于进一步做好重点大城市义务教育免试就近入学工作的通知》（2014年）止，近三十年的时间里，国家一直都在要求地方各级人民政府因地制宜调整学校布局，适当设置小学、初级中等学校，使儿童、少年就近入学。

但在现实生活中，所谓国家政策实施起来难度却很大。本来就近入学是以学校为中心，距离哪个学校近就应该去到哪个学校上学。但是两所学校都在"就近"范围之内，那么就应该遵循自主入学的原则。然而，现实却因就近入学而造成了招生混乱的择校局面。

"就近入学"可以免试入名校，避免了择校花钱的问题。以往小学上初中还需要经过考试，重点中学经过选拔，要"掐尖儿"录取，而"就近入学"可以全部纳入九年义务教育里边，也可以为贫困家庭提供优质的入学机会。

"就近入学"实际上是解决学区"划片"的弊端。假如一个孩子就住在学校的对面，家与学校中间只隔了一条马路，但是因为"划片"可能就不能就近入学，这个孩子还要到很远的学校去上学。就近是打破原来的划片，但有可能还是原来的划片。

过去的划片就是按照户籍政策，户籍在哪个派出所，就在这个派出所的辖区内把孩子分到哪个学校。就近入学是以学校为中心画圆。整体来讲是跟"距离"有关系，跟"户籍"没关系。这就牵扯到另外一个问题——居住地。如何确认房屋产权证所在地，这跟户籍可能又有所交叉，有的户籍不在这个区，但买了学区房，那么孩子也可以划进这个学区。这些客观条件是制约就近入学政策能否把理想变为现实的最主要因素。

如果相邻的两个学校都比较优秀，就近入学还好办，家长可以自由选择，选哪个都好。但就怕两个学校一强一弱。这种情况下，如果不做政策上的调整，就会造成强校爆满而弱校虚席的局面。现在家长为了孩子是舍得花钱的。就近入学想要解决的问题就是择校，为什么要择校？根本原因就是教育资源不均衡。怎么才能解决这个问题？有一个办法就是"强弱结合"。这里，我们强调教育资源均衡主要是强调师资力量的均衡，师资力量均衡了，也就避免了"掐尖儿"。大家都不掐尖儿了，各校学苗儿均衡了，教育也就均衡了。

　　"掐尖儿"在当今教育界主要"掐"文化课成绩的尖儿，是单纯地重视智育的结果。现在，很多办学机构都是从幼儿园开始就"掐尖儿"，小学掐幼儿园的尖儿，初中掐小学的尖儿，高中掐初中的尖儿，大学也在争得高考状元。有的大学甚至把今年争得多少高考状元作为一种招生成就。也许"掐尖儿"是个好事，但不能拿单一的分数作为掐尖儿的标准。多建特色学校，以掐各种尖儿，以补尖儿的不足。在这里，"掐尖儿"是为了"因材施教"。也就是说，这个孩子在某些方面表现特殊，就要给他特殊的培养。学校应该培养各种尖子生。从就近入学来看，"掐尖儿"也是优质校的软件——优质师资、优质生源。优质生源要到优质学校去，享受优质教育。特长生跟就近入学不冲突。我们所谓的大众化教育就是"不患寡尤患不均"。中国老百姓就是这样的思想，极少数孩子接受优质教育，那是不行的，如果我家孩子还接受不到优质教育，我会寻找新的教育公平。高校分出三六九等，有教育部直属的985和211等，事实上也在"掐尖儿"。

　　在这里，特长生和证书生有些不一样。特长生肯定有证书，但特长生肯定是证书生中的一部分。就"就近入学"而言，阳光招生要求对证书生、条子生、票子生等提出要求和限制。这是技术上的问题，可以在执行层面上有一些操作。但有人认为"掐尖儿"教育有可能把整个基础教育"掐"残废了——强校逐渐更强，弱校逐渐变弱。打破这种强弱的差别关键在于学校师资力量的均衡，实行区域化管理。就是在一个城市的区域内，实行幼儿园、小学、初中、高中的区域化管理，推行学校间管理的深度融合，由强带弱，平衡学校资源。在这种情况之下，有利于实施就近入学的措施。

然而，就近入学在执行过程中，还不应该一刀切。所谓一刀切就是必须距离多远之内，或者户口在哪里就必须就近入学，这是不合理的。合理的做法就是诸多因素都要考虑到，如每个人的家庭受教育的情况、孩子的情况等。

就近入学最终改变的是择校问题。政府的作用是给每个孩子提供一个接受教育的机会。但是否让受教育者满意是另外一回事。私立校的存在就可能会解决这样的问题。要钱要人都比较自由。但是就私立学校"掐尖儿"而言，对部分学习成绩不好但经济条件好的孩子来说也是福利、也是福音，他们可以去优质学校就读。如果没钱但孩子学习成绩好，公立学校也有优质的，孩子也可以接受好的教育。市场是讲究优胜劣汰法则的，不发展的公立学校或者私立学校很快就会在市场经济的大潮中被淘汰掉。

每一个城市当中都有那么一两所学校（无论中小学），是这个城市当中顶尖的学校。家长会不遗余力地往这个学校挤。就近入学这个政策实施以后，能否推动教育公平或者教育资源均衡呢？完全实现是太理想了，起码一段时期内是做不到的。能够促进部分教育均衡或者教育平等是有可能的。首先要进行划片或者学区管理，区域内的中小学实施以强带弱，强弱结合。校长与教师轮岗，促进校际的交流与合作，加强对口支援，走向共荣。学校都做强了，家长就认可了。这就不再需要高价的学区房，为百姓造福了。坚决杜绝"掐尖儿"现象，区域内的学校，师资力量均等，推进就近入学政策就有利了。教育的区域管理或集团化会促进教育的公平化，使教育资源最大优质化。然而，区域怎么划分或者说集团怎么组合是个最大的问题。如何做到科学合理，假如整个区域之内没有好学校，那就需要在大区域中做更大地、更深度地调整了。比方说，部分学校可以采取"关停并转"策略，也可以采取强校托管弱校的法则，或者成为强校的一部分。然而，还要小心两校合并后，没有达到预期效果，强校反而变弱了。这就要加强管理，形成好的学风和校风，健全好的评价机制，对优质生源要加强爱护和保护，不能吃大锅饭。

说句实在话，资源优化是个大问题。要让最优秀的人当老师。优秀的人才到教育当中来，教育公平的问题和教育资源对等化的问题都有可能得到相应地解决。实行阳光招生，做到公平、公正、公开。理想化的东西转变成可行化的东西，任重而道远。然而，区域管理的模式最大的阻碍就是去教师的学校身份。区域管理和师资力量均等化，就近入学就没有了难度。

区域化管理还涉及一个问题就是学校的布局。名校办分校就是一个路子。政府要在新的城区办公办名校，解决老百姓因拿不起学费入名校的困难。政府要扶持，比方说在硬件上、在土地上、在师资上给一些政策，就能做好，而且能够被认可。但是，时间是个问题，要尽快布局学校方位，教育行政部门应该做好规划，防止出现高价学区房。

当然，学区划分应该是动态的。比方说某一个小区，说今年它属于这个初中，来年我要重新划片。地产商开发的学区房要与名校协作，争取小区学位，一举两得。不能现买现取得学位。居住得达到三年，现买不行，就避免了出现学区房、高价房。三年以后它是不是这个学区，这不一定，还要重新划。学区教师流动，硬件建设统一，标准化校园，生源均衡，教育就均衡了。

要想发展教育，应该让最优秀的人当老师，不管高校还是基础教育都应该是这样。应该把教师的社会地位真正提上来、把教师的生活待遇、工资水平也提上来，然后吸引那些最优秀的人才到基础教育当中来。当然，从行业区别而论，每个行业都想吸纳优秀的人才到自己的队伍中来。警察说，应该把最优秀的人才吸引到警察队伍里来；公务员说，应该把最优秀的人才吸引到管理队伍当中来。每个行业可能都会这么说，这必然存在一个矛盾。

我们还是要倡导"百年大计，教育为本"。社会的发展、民族的振兴，在根本上都离不开教育。教育本来就是培养人的，如果把优秀的人才吸纳到教育系统当中来，那么使得优秀的人从事教育，教育公平的问题和教育资源均衡化的问题都会得到相应地解决。如果解决了教育资源均衡配置的问题，那么就近入学的问题不也就相应地解决了吗？

总之，就近入学是国家的一个良好的愿望，也是关注民生非常好的政策，它能够使得老百姓享受更好的教育资源。但是要有教育资源均衡配置这个前提，在这个前提下，就近入学这个政策才能够顺利推进。

家庭教育的关键词

　　题记：作为一个父亲，最大的乐趣就在于：在其有生之年，能够根据自己走过的路来启发教育子女。

——《蒙田随笔》

　　在家庭中，每个幸福的家庭成员都会轻松自在地享受来自家庭其他成员的友爱、关心以及情感上的融合与沟通，形成既尊重对方又能理解对方的和谐文化氛围。然而，良好的家庭教育离不开这三个关键词。

　　一、独立自主

　　2014 年全国二卷高考作文是一个材料作文：不少人因为喜欢动物而给它们喂食，某自然保护区的公路旁边有如下警示——给野生动物喂食易使它们丧失觅食能力，不听警告执意喂食者将依法惩处。这则材料引发了人们对日常生活的思考。

　　游人不能出于好奇就给猴子提供一种轻而易举的觅食环境。

要知道，野外觅食，是猴子生存能力的体现。如果失去了这样的能力，那猴子将会面临失去生命的危险。游人因为好玩儿而给猴子投食，会造成猴子生存经验方面的错觉，一旦断了食物来源，又不知如何觅食，猴子的处境就会十分尴尬。依此类推，在家庭教育中，孩子的"觅食能力"是独立自主意识的人格培养。独立自主意识是孩子成长的基础。张龙革教授说："男孩儿与野生动物关系更密切，偏于冒险、挑战，与女孩儿性格差别很大，具有攻击性，应该保持男孩儿这种野性。"

三岁是孩子成长的一个节点。有人认为，孩子三岁以前故意作人、闹人可以打，可以用简单粗暴的方式对待，以此帮助孩子判断是非。三岁以后就不能无礼对待了。这就是说，在三岁之前跟孩子讲道理，孩子是理解不了的，任性是孩子与生俱来的本能，所以要制约。三岁以后，需要和孩子平等对话。但是，也有人认为，打也没用，三岁以前孩子就是在认识这个世界，而且是无所畏惧地在认识这个世界，不知道初生牛犊不怕虎，没有危险意识，任何的自保能力都没有。这个时候，做父母的就是要尽呵护之责，要在保证孩子安全的情况下，让他们自由地去探索，认识世界，领悟人生。儿童教育专家刘晓梅说："三岁以前的孩子要敢于尝试冒险，即使受到些伤害也没有关系。孩子抵抗伤害，抵抗打击能力是惊人的。但中国的家长都不会愿意让孩子去冒险。"苦难，在某种程度上说，是人生积累的另一笔特殊的财富。如果家长剥夺了孩子激发潜能的机会，那孩子长大后，就会变得依赖、软弱和任性。

在这里，我们鼓励孩子冒险以及培养孩子的探索精神，都是有积极意义的，但要保证孩子的安全。比如说开水不能碰、电器不能碰、明火不能碰，这些安全意识要传授给孩子。在比较安全的范围内，孩子可以自由地去探索。"迈台阶"与"上窗台"不是一回事。"迈台阶"是生存本领，"上窗台"是无畏地冒险。对家长来说，要让孩子学会迈台阶，要禁止孩子上窗台。

每个孩子都有很强的好奇心。成年人毕竟精力有限，随时都有可能"一眼没照顾到"，但是遇事就有可能给人生留下遗憾。如果家长看得太紧，也会影响孩子创造力的发展。这里面就需要掌握一个"度"。根据不同家庭孩子的不同情况以及成才走向，在十二岁以前，这是家庭教育最重要的时期，也是孩子性格、人格形成的关键时期。在这期间，家长容易假设孩子的成长，预设孩子的人格特点，诸如判定老实文静的特点，或者捣蛋调皮的特点。在家长这种或明或暗的昭示下，孩子容易"蹬鼻子上脸"，这种成长的暗示性或许就会引导孩子走向未来。对此，培养孩子独立自主的人格意识就显得尤为重要。

独立自主的人格意识离不开家庭氛围的塑造。环境可以潜移默化地陶冶孩子的性情。要让孩子首先懂得，自己的事情自己做，不要依赖他人。比如说，家庭作业，一般来说，孩子回家后都不会主动做作业。家长应该怎么做呢？葛雅琨教授说："对孩子要强调，作业这个东西是很好玩儿的，不要抱怨，不要把这个情绪在小孩儿面前暴露出来——'怎么幼儿园就知道留作业！'作为家长可以先把幼儿园的作业叨咕一遍，孩子会了，也就把作业做完了。孩子要是不会，就再叨咕两遍也就行了。"这都是作业的常态，养成习惯，孩子回家第一件事儿就是"我来做作业"。独立自主意识的培养是一个渐进的过程。

　　家长监督孩子做作业是正常的。孩子在做作业过程中遇到问题也是正常的，家长不能看到孩子不会做作业就骂、就打，这是不对的。久而久之，孩子会把作业看成是一种负担，而且这个负担会越来越重。小学一年级，这个时候作业已经成为一个真正意义上的作业，不像在幼儿园时，作业可以做，也可以不做。但是上小学了，作业就比较重要了。面对这种情况，怎么跟孩子交流？葛雅琨教授说："你有作业了，这么好！我小时候可喜欢做作业了，你作业都有什么呀？妈妈能不能做点儿？孩子在那个时候就觉得这是我的作业，你是不能做的。那种自私垄断的心理一下子聚拢起来，以为做作业是一种神圣地占有，是独立的。这样，孩子对做作业就不会产生反感。"要让孩子知道，做作业是一种正常的学习生活，跟每天吃饭穿衣一样，是生活当中必不可少的一件事情。然后，再进一步跟孩子交流说："我今天也有作业，就是要写一篇论文，把这个信息传递给她，妈妈和你一样，写作业也是生活的一部分。孩子慢慢地就会坚定自己的意识，要认真地做好自己的事。"

　　这期间，让孩子爱上读书，要培养孩子独立自主的阅读习惯。比如说，童话故事，流浪探险故事等，一般都会吸引孩子。把《丁丁历险记》这本书放在床头，闲聊时会有意无意地说起里边的故事，然后告诉孩子这个故事出自哪里，这样，孩子阅读的动机就会产生。不要试图硬要孩子看哪一本书，强加阅读的结果就会使孩子容易产生抵触情绪。《查理九世》书好，若孩子不愿意读，就不要勉强，要给孩子以独立自主的阅读尊严。

家庭教育不是说教，而是引领；不是纲举目张，而是耳濡目染、潜移默化。父母对孩子的教育，除了热情的拥抱之外，还应该有所疏离。每一个做父母的都会疼爱自己的孩子，个别的父母甚至都达到了溺爱的程度，面对独生子女的时代，这种现象在社会上也是很普遍的。但是对于孩子独立自主人格的塑造，家长心里要懂得纪伯伦的话：

> 你们的孩子，都不是你们的孩子，
> 乃是生命为自己所渴望的儿女。
> 他们是借你们而来，却不是从你们而来。
> 他们虽和你们同在，却不属于你们。

孩子在这个世界上应该是一个独立个体，不从属于任何人，包括自己的父母。优秀的家长要帮助孩子完成独立品格的塑造，孩子将来才能在这个社会当中独立行走；要让孩子的内心变得强大，要懂得关爱而不是溺爱。就像每个家长都曾有追着孩子喂饭的时候，其实，孩子不是不想吃饭，他是不让你喂他，他想要自己吃，那个时候，吃饭的动机纯粹是出于好奇，那个时候，大人就不要担心孩子把衣服弄脏，也不要担心孩子破于常规。然后家长就让孩子自己吃，不要喂，不要错过孩子自己形成习惯的最好时期——培养独立自主的能力。懂教育的家长应该及时地抓住这个机会。当家长发现孩子想要自己吃饭时，一定要让孩子自己来吃，即使弄得杯盘狼藉，也要在所不惜，毕竟如何吃饱饭也是孩子将来自己习得的事情。

在孩子独立自主人格的培养上，中外教育有很大的差别。在德国，法律规定孩子到了十四岁的时候，就要力所能及地干一些家务活，比如说擦皮鞋，收拾碗筷等。而在中国，孩子不会接受这样的教育，更不会在这方面立法。教育立法的落后，会严重扭曲中国青少年独立人格的成长。如果家长之间有一些经验可以交流的话（如家长互助会），即使没有立法，也会懂得相互学习，相互促进，无论中外。

二、沟通

列夫·托尔斯泰在《安娜·卡列尼娜》中说："幸福的家庭都是相似的，不幸的家庭各有各的不幸。"做好沟通是维护幸福家庭的重要渠道。在长幼之间、同代人之间，沟通也是解决家庭矛盾最有效的方法，特别是亲子教育。亲子关系应该是独生子女时代的一种特殊关系，在教育上，很容易形成代沟。

如何进行有效沟通，首先要建立平等关系，就是家长要站在孩子的角度去想问题，然后跟孩子沟通才能形成一个有效的沟通，不能站在大人的角度去想问题，或者用已有的所谓"共识"标准，去看待问题。只有从孩子的角度出发，换位思考，然后理解孩子的一些想法，询问孩子的感受，去权威化。马卡连柯说："得不到别人尊重的人，往往有最强烈的自尊心。"因此，与孩子沟通时，让孩子的畏惧心理或者紧张情绪放松下来，让沟通在平等的关系中进行，这样，孩子才能讲出心里话，找到解决问题的关键点。

还可以形成家长教育共同体，或者家长教育团队，但不管怎样，重要的是家长之间能够自助和互助相结合，谁有难解的教育问题，大家畅所欲言，共同交流沟通，完善孩子的早期教育。还可以搞一些孩子的游学活动。在活动中，大家群策群力，发现问题，及时解决问题，也是培养孩子的合作意识、分享意识的重要活动，使孩子能够在群体当中，找到共同的乐趣。这或许也是学校教育所达不到的，或者家庭教育也不容易达到的。所以，这并不是简单的共学共游活动，实际上是互相学习、互相借鉴、共同提高的契机。学校是老师的一种课堂教育，家庭是父母的一种伦理教育。但是，如果让孩子走出校园、走出家庭，来到社会，来到大自然，感同身受，补充学校教育和家庭教育，那么，所达到的教育效果会大不一样。

三、教育的保质期

孩子在成长的过程当中，所经历的每个时期都有节点。作为年轻的父母要及时地把握孩子成长的每个关键时期，不要错过。如果错过了，那可能就错过了一种生存的能力，甚至会影响到孩子其他能力的发育，所以说，教育是有保质期的。比如说，孩子需要在地上爬行时，你不让孩子爬，你总是抱着他，待长大成人后，脊椎的支撑能力就弱，容易产生疾病，如颈椎病或者腰椎间盘突出等。更有一个外显特征，不会爬的孩子，大多普遍发育偏胖。

儿童教育学问大，在这里总能找到一些关联。比如孩子写字不好，跟小脑有关，人的小脑是掌握平衡的。三岁以前的孩子不能总抱着，或者总是躺着也不行，总躺着容易使孩子身体的半规管打不开。怎么才能打开呢？得让孩子翻转，因为半规管里面的液体，只有让孩子旋转时，平衡感才能建立起来。这就需要采取一定的方式刺激它、激活它。不然，孩子长大后就会晕车、晕船，更主要的是恐高，运动能力以及协调性等都差。要知道这些都不是先天的疾病，而是我们对孩子发育过程当中知识的欠缺，错过了孩子生长发育以及对他们进行教育、培养的关键期，那么，孩子的生命质量以及潜能的激发就会大打折扣。

谁都知道，在对孩子培养和教育的过程中，用心的家长几乎都付出了全部的心力，就是想让自己的孩子将来能成为人中龙凤。美国著名心理学家和教育学家霍华德·加德纳在《多元智能》中说："儿童的父母不应相信行为主义者所说，不应依照自己的主观愿望决定将孩子培养成什么样的人。"

对于孩子的成长教育，我们要思考什么才是孩子一生最重要的陪伴。愿天下年轻的父母，以最自然的状态，放远目光，高度重视孩子成长的心路历程，懂得做人第一、学习第二的道理，并把这个原则一直贯彻始终。儿童的成长是需要引领和模仿的。父亲的勇敢担当、豪爽大气的情怀以及冒险精神恰恰是母亲所缺乏的。所以，提醒年轻的母亲注意，孩子不是属于你一个人的，一定要让男人阳刚的父爱，在孩子很小的时候就发挥作用。

我们总是在不断地追问，教育的本质在哪里？有一部电影《侏罗纪公园》，影片的主题是没有畏惧的恐龙，任何隔离都无法锁住。生命是不怕任何挑战的，因此，培养和塑造孩子独立自主的人格，这是家庭教育当中，每一个做父母的所共同追寻的目标。而要真正形成这样独立自主的人格，那也是要抓住某些关键期的。家长要给予孩子更多的关注，要跟孩子多交流、多沟通，走进孩子的内心世界，发现孩子的需求，发现生活的美好，发现生命的真谛。

课外作业超市如何营业

> 题记：让学生变得聪明的方法，
>
> 　　　不是补课，不是增加作业量，
>
> 　　　而是阅读、阅读、再阅读吧！
>
> 　　　　　　——苏联教育家苏霍姆林斯基

课外作业在《教育大辞典》中是这样界定的：根据教师的要求，学生在课外时间完成的一项学习任务，在教学活动的总量中占有一定的比重，是教学活动的一个重要环节。课外作业由任课老师来指导、布置、设计，以巩固学生在课内学到的知识技能，是课堂教学的延伸，并且能够培养学生独立学习的习惯和能力。

目前，学校考查学生课外作业的方式，大多是对知识的记忆性掌握，通常死记硬背的内容多，而对探究性的作业考查得比较少，作业系统性差，单一学科的作业任务多，教材之间知识点落差大。相比较而言，"美国语文"的课外作业考查，往往不仅仅局限于语文，而采取的是大语文的观念。背诵性的作业很少，往往通过设定问题，让学生综合运用各科知识来解决问题，启发学生的思考。语文作业，不仅考查写作能力，还要考查学生对历史知识的掌握、对人性的评判与反思等。这种留作业的方法，更适合启发学生批判性思维的能力，这是我们的学生课外作业可能比较欠缺的地方——不讲究知识的综合运用，只求一味背课文。

课外作业要讲求学科之间的综合性或者跨学科性。不能语文就仅是语文作业，数学就仅是数学作业，要讲求最近所学学科的综合运用。因此，中国的孩子作业往往侧重于记忆而忽略了应用，使得学生一见就会产生反感。假如运用趣味化的作业方式，让学生做一些探究性的、实践性的或调查性的作业，学生作业的积极性会高涨起来，而且有利于学生智力和身心的健康发展。

在应试教育的背景下，很多孩子把做作业当作一件很痛苦的事，"乐而好学"在这里遭遇尴尬，课业成为学习的一种沉重负担，对此，教育行政部门每每都在极力倡导"减负"。然而，口号声声，落实的程度并不让人感到乐观，甚至有的学校为了提高学生知识掌握的准确性，不惜动用题海战术，使很多孩子智慧的灵感都淹没在这海里，成为起伏不定的游魂。

有时，家长之间会互相交流孩子的学习情况，总是不断地追寻——你家孩子在哪儿学？每天学到晚上几点？早晨几点就起来背课文？像这种交流实际上就是为了更大地攀比，因而产生更大的压力。

造成中小学课业负担过重的现象，原因是多方面的，更主要的是减负不成的结果。减负有若干规定，并且把减负作为规范化办学的一个重要指标，是教育督导的一项重要内容。

目前，在中小学，特别是中学，学校所留作业在校是无法完成的，回家后，作业也要做到夜半。一种类型题做一遍是不行的，要做三遍五遍甚至十遍八遍才行，这种简单重复的作业是对学生一种变相的惩罚。常波教授说："课外作业缺少层次性，有的甚至过难，倒不是老师难为学生，老师有时是出于使学生学业水平提高，或者是为了抑制学生的自满情绪，因而出此下策，然而，学生丧失了学习的积极性。"

更有甚者，错误地理解了"书读百遍，其义自现"的真正含义，于是下定决心让学生死记硬背，或者硬性抄写，严重弱化了学习知识的方式方法。随着数学、语文、英语、物理、化学、生物、政治、历史、地理等科目的增加，课外作业如果不进行科学化处理，势必会影响学生正常的作息时间，因为要想全面完成老师所留作业是根本不可能的事。试想，这九大学科，每个学科仅用半个小时，就已经到了夜半了。况且，自己的薄弱学科还要家教进行辅导。

减负规定小学一、二年级不留书面家庭作业，三到九年级各科作业都有时间量的限定。学校应该向课堂40分钟要质量，提高课堂效率。许多学校在强力打造高效课堂教学效率的同时，往往忽视了课外作业。教师以为知识点讲完了，作业巩固就显得随便了。教师对作业的随意性，实际上是消耗了课堂教学的有效性，是得不偿失的。教师又不能不留作业，不留作业，家长心里没底。有的家长甚至会声讨学校不留作业，于是，在课后就自己找班上。课后班的作业量是无限制的。说到这，要提醒的是，家长要充分认识家庭教育在其中起到的作用。教育是离不开学校教育、家庭教育和社会教育的。结合三者意义的生成，教育才有时效性。个别家长还不懂得减负的真正含义。减质不是减负，减量才是减负。从教育部到各级教育行政机关，对学生完成作业时间量的要求都有明确的规定，但具体实行起来往往总是流于一种形式。教师的担心是不留作业，教学质量不能得到提高，无法应对学校检查。留作业的教师又存在很大的随意性。任课教师要切记——不要在下课前的几分钟匆匆留作业，这是对学生的不负责任。学生的作业要在上课前就已经设计好了。

课外作业首先要遵循快乐原则，《论语》有云："学而时习之，不亦说乎？""习"就是反复练习，习得实践。从现代教学的角度来看，"习"就是做作业，也可以说是做课外作业，完成这个课外作业的人会感受到一种快乐。

现在中小学课外作业的现状不容乐观，要认真对待，要引起教育行政部门的高度重视，要关注孩子的可持续发展。在课内，要培养孩子合作探究的能力，但毕竟合作的空间有限。在课外，要给孩子搭建一个合适的平台，来完成知识的巩固与创新。所以，课外作业就要具有创新性和灵活性。子曰："不愤不启，不悱不发，举一隅，不以三隅反，则不复也。"

教师用心设计的作业，需要教师掌握学生的知识和技能，懂得完成这项作业会使学生在哪个领域得到知识的延伸和能力的提高，这是给学生留作业要思考的相关问题。

在中国，随意留作业的现象早已是见怪不怪了。作业环节流于形式、没有设计，各种教辅材料的参与，什么考王考霸齐上阵，严重造成孩子作业量负担过重，有价值的时间在无偿地被浪费。课外作业是教学活动的一个重要环节，绝对不能忽视。教师所留书面作业或者实践作业，都要讲求科学性，否则，就是对学生不负责任。王振山老师说："有一项研究叫有效作业研究。首先强调作业需要设计（题型、层次、呈现方式等），形式不能单一，参照学生主观感受，分层次作业，形成一个作业超市，针对学生的个体差异自行选择作业的数量和难度。作业任选，学生的乐趣就来了，因此也就没有了负担。"

《孙子兵法》有云："兵不在多而在精。"对于学校而言，作业不在量大而在质高。作业过多，需要几个改变。一是观念上的改变。对课外作业要进行正确的功能定位：到底留什么样的课外作业才算是好的课外作业。有人总是羡慕外国学生，幸福快乐没课外作业。实际情况并不是这样，美国的课外作业也非常繁杂，但是美国学生为什么没有被减负呢？这跟他们课外作业的形式有关系——要留一些探索性的作业，重在综合。以问题为中心，课外作业综合化。综合运用所学的知识解决问题、探索问题、培养学生的批判性思维能力。二是在实践中的改变。有效地设计多元化的课外作业，无论是作业的量上还是质上都需要实行多元化。多设计一些典型题，也可设计一些可做作业和可选作业。必做作业学生要一起完成学习目标。选做作业学生可以根据自己不同的兴趣、不同的能力水平，选择一些适合自己发展水平的作业。作业应该分层次，比如基础的作业，发展的作业，还有创造性的作业。三是评价上的改变。对教师的绩效考核，往往课外作业是其中考核的一个指标，把以前重视对教师作业批改数量的考核转变为对学生作业布置的质量考核。

改变现状应该从育人的全局考虑，这样才能让课外作业真正在减负的过程当中发挥应有的作用。具体而言，是课外作业如何做到科学化。

著名教育家朱永新《回到教育的原点》里有一篇文章叫《作业之病》。那里边提到了关于现在中小学作业负担过重、过难、庸俗化这些问题，应该引起我们教育工作者对于所留作业的重视。朱永新的观点有两个衡量标准。一是作业布置必须得从问题出发；二是作业布置内容必须要有典型性和启发性，难度适中。所以，从这两条标准出发，要想做到科学化也不难。既温故而知新，又能触类旁通。

美国哥伦比亚大学心理学教授哈里斯·库柏对美国的家庭作业现状进行了一个调查：家庭作业完成情况与学生的学业成绩之间的关系——小学阶段，关系不大；初中阶段，有一定的影响；高中阶段，在一定时间内，作业完成多对学生的学习成绩是有帮助的。同时，他给美国教育部门提了七条建议，核心问题是增加学生作业的典型性与趣味性等。

教育要与世界接轨，要学习发达国家的教育理念、教育经验以及先进的育人模式。就学生作业而言，一般来说，要贴近生活，要让学生产生兴趣。前面谈到，美国的作业综合性强，为了完成一个作业需要综合运用学过的知识，美国那种记忆性的作业非常少。近年来，美国也在进行课程改革，他们认为适当增加学生的作业量对提高学生的学习成绩是有帮助的，有时作业也会做到半夜，但学生还是乐此不疲。因为他们对作业非常有兴趣，学生愿意做。他们的作业不是那种反复抄写，重复性练习以及题海战术等。美国教育家杜威说："教育即生活。"因为只有作业贴近生活，学生才能够用课堂上学到的知识来解决现实中的问题，没有标准答案也是作业的一个特色。

他山之石，可以攻玉。我们要借鉴国外有效学习的作业经验。作业要体现开放性、多元化；要强调主体性，分层次。作业要注重实践。

从超市的意义上说，学生作业如同购物，学校应该开办一个课外作业超市。比如语文学科，作业有需要背诵的，放在一个"货架"上；仿写或者再创作的，可以放在一个"货架"上；可以练习演讲朗诵的，可以放在一个"货架"上，等等。然后学生根据自己的需要去选择作业。在作业检查方面，老师可以全批，也可以抽查，学生之间也可以互批互评。作业超市应该立足于孩子的作业，各取所需，学生有了成就感，学习就快乐了。但是老师的采购要有视野和格局，要有品味和价值，要有意义和生成。学生也可以"采购"，放在同伴的"货架"上，挑选作业的人也可以根据性价比来选择自己的作业。什么叫科学化的标准，就是孩子看了是否感兴趣，是否愿意完成作业。还有，关于作业超市的"供货商"，在这样的信息时代，我们也可以打破校与校之间的壁垒，甚至省与省之间的壁垒，甚至国与国之间的壁垒。就同一学科，资源共享，利用翻转课堂，打开世界之门，了解一下同龄人的作业情况。

无论西方的中小学作业或中国的中小学作业，作业科学化的程度除了遵循前面的"快乐原则"外，还要遵循因材施教的原则、层次性原则、趣味性原则、自主性原则、实践性原则、合作性原则以及发展性原则。因此，教师在设计课外作业时，应该秉承一种理念，就是素质教育的理念，以学生发展为基本出发点。作业不仅要让学生掌握所学到的知识和技能，而且也要以学生身心发展为目标，倡导学生进行体验、实践，参与合作的学习方式，强调个性发展，强调差异性教育，实现学生的全面发展。

总之，教师要掌握课外作业布置的科学性，才能科学地布置作业。教师不能随意地布置作业，不能想怎么布置作业就怎么布置作业，想布置多少作业就布置多少作业。教师应该知道我为什么要这么布置作业，这么布置作业的意义是什么。教师要清楚这一点，所以我们要加强对教师的培训，还有不能全盘否定传统作业，例如死记硬背等。教师要把传统的作业与创新的作业结合起来布置，一方面培养学生的知识技能技巧，另一方面培养学生的实践思辨能力，进而达到课外作业科学化的程度。

中小学课外作业的内容应该是丰富多彩的，形式也应该是多种多样的。关键是我们教师在这个过程当中，如何把握、掌控或者是布置课外作业，使得课外作业更加合理化、科学化，让我们的孩子在完成作业的过程当中形成自己完满的人格，这样可能会使我们的教育前景更加光明。

教育孩子，"吼"是没有用的
——关注"初二现象"

　　题记：培养笑容就等于培养心灵。

　　　　　　　　——铃木镇一《早期教育与能力培养》

　　"我就是闹心，没有人招惹我。"当一个学生掰断了几个凳腿儿以后，你问他，他就是这么回答的。有人说，学生到了初二就比较难管了，因为个头儿大了，力气也见长，还有撞上了青春期。人在青春期时可能就会多一点儿"叛逆"、多一点儿"疯狂"。在学校，有的学生就可能会做出一点儿出格的事，尽管没有同学或者老师招惹他，他也会有这种表现，并且这种情况在性格内向的学生中居多。

　　青春期的学生，一个最典型的表现就是情绪不稳定，内心中开始寻找形成自己的独立价值标准和行为原则，偏离父母、师长设定的标准，愿意与同伴群体看齐。青春期的表现，如果从年龄段上看，有一些孩子从小学高年级就已经进入青春期了，而初一没有爆发的原因主要还是对新环境的不适应。到了初二，环境适应了，人也熟了，他们又正值青春期的高点，因此，表现就比较明显。

苏霍姆林斯基有一段比较精彩的论述：一个人一生中有两次诞生。第一次是个体生命的诞生，用哭喊来显示自己——我出生了，我是软弱无力的，你们要坐在我的摇篮旁边关心我，一刻都不要离开我，体现的完全是一种依赖；第二次诞生是青春期的诞生——我长大了，我是一个独立自主的人，我要摆脱襁褓中的束缚，我不想让别人牵着手走路，别总是跟在我的后面监视我。我有我自己的生活目标，我想独自攀登顶峰。但是我越往上走我就越害怕，我非常希望能靠在一个坚强而有智慧的人的肩膀上，可是又不敢并且羞于说出这一点，我要让大家都知道，我能凭借自己的力量登上顶峰。第二次诞生是一个人追求独立的过程，这个过程需要成人的帮助。但是，你说帮助他，他肯定说"不用"。如果成人这个时候直接去帮助他，他又不会拒绝。可以看出，青春期的孩子内心充满矛盾与焦虑——追求独立，但又摆脱不了依赖；想凭借自己的力量攀登，但同时又希望成人给予帮助。在校园当中，学生的这种状态通常表现为"放话"——给老师放话，不顺我心，我就跳楼；给家长放话，不许我愿，我就离家出走。其实，放话的孩子一般不会出什么大事，只是回家晚了一点儿，或者放完话之后，跟家长沟通一下就行了。这是压抑的心理对成人束缚管教的一种反抗。警惕"不动声色"的孩子，说走就走，走了之后你就找不到了。

从学校走失就要报警，这给学校的德育工作带来压力。初二是一个学生心理情绪波动的特殊时期，在这个时期，还有一个突出表现就是打架，打群架——"一定要打出一个大哥来"。当然，还不只是这些，就是要方方面面"立棍"——篮球场上喜欢光着膀子打球。按理说，在校园里，学校是不允许光着膀子打球的，但他光着，就跟国际巨星似的，嘴里面嚼着泡泡糖，手里拿着一瓶百事可乐，总在学生处老师眼皮底下晃荡，刷存在感。尤其在女生面前，更能展示他的男性特征。这样的人总爱当老大，父母管不了，也不跟父母交流，回家把自己关在独立的空间里，能一个人待着，冷静地独处。

刘晓明教授说："青春期是一个学生成长的分水岭。青春期之前，把成人的话作为自己判断事物的标准，如爸爸怎么说、妈妈怎么说、老师怎么说，而没有自己的行为标准和价值原则。一旦进入青春期，他们开始关注自己的内在世界，向同伴群体看齐，并且特别在意自己在同伴群体心目中的地位，有时为了获得这样的地位，不惜去抗拒老师、顶撞父母，逐渐远离父母的标准，重新确立自己的价值观与行为标准。"然而，若从另一层面来看，青春期也是孩子正常的身心发展的反应。如果这个阶段，孩子还唯唯诺诺的，什么都是以师长的标准为标准，那反而是问题了。有时顶撞也是孩子多年心里压抑的结果。爸妈以前发号施令，现在他要求平等。所以，这样的逆反、叛逆，恰恰是一个孩子在成长期的一个正常表现。

信息社会，孩子占有的信息量多，渠道也广，但缺乏辨别是非的能力，所以容易对一股脑儿吸收进来的东西因甄别意识差而感到苦恼，又不愿意向父母师长倾诉，但总得需要有一个释放的途径，有时就选择网络。比如玩游戏，特别是带有一点宣泄性特点的砍砍杀杀的游戏。这是一种压抑情绪的宣泄，一个出口。假如与成年人取得正常的交流与沟通，交往和谐，或许网络的诱惑力就会减少。初二的学生，这个年龄段往往感觉不到自己的一些行为举止异常会给周围人带来怎样的影响。走过初二以后，就会有一个更加理性的认识。下面是几个高中生对初二的反思。

初二时主要表现在对爸妈的意见比较反感，不想让爸妈管，在一些事情上，跟父母的观点可能有点儿不同，还有总想突显自己的个性，无论穿着还是日常行为习惯。

初二时学习压力大，天天都被老师批评，脾气就比较暴躁。

初二的时候比较迷茫，初一时比较天真，好像感觉好多事情都不懂了，平时比较悲观的那种。

初二时，和父母吵架的时候要多一些，爱顶嘴，惹父母生气，与家长的矛盾比较多。例如，生活中一些小事不小心就会触发某个点，然后就爆发了。有时和家长吵完之后，感觉自己做的不对，但是下一次还会吵。

这些学生在高中反思初二现象，对所谈的问题也表现出冷静而客观的态度，是真实可感的。情绪不稳定，暴风骤雨式的，而且风雨之后自己竟然不知当时为何发火。但是很多父母还不知道孩子已经长大，开始追求独立，就用对待小学生的方法来对待他，你管他他不服，于是产生对立和冲突。所谓代沟，就是父母重视现实，孩子重视理想，两个关注点不同也是矛盾和冲突的所在。刘晓明教授举了这样的一个例子。一个小学二年级的孩子 A，做错了一件事，爸爸说他了或者爸爸打他了，这个时候他会想爸爸为什么打我？那肯定是我做错了，不然不会打我，要反省自己，因为这个时候他确实还没有形成自己的独立价值观和行为标准，所以他认为爸爸妈妈的话就是对的，打我也是对的。但到了初二时，同样的事，假如爸爸再打他，他会反抗——我没错，你凭什么打我，你不理解我，或者误解了我，冤枉了我，要为我说明理由。自己的行为有理性标准了，要说明道理，你打我是不对的，你的想法是不对的，我的想法才是对的，就开始对父母的一些做法不再是全盘地接受。如果父母还是用原有的教育方法来对待这个年龄的孩子，那肯定这个冲突会越来越大。

初二的学生，其实跟老师之间抵触或者不希望大人在旁边，然后自己还有依赖，想独立还摆脱不了依赖，想走路还蹒跚着。从心里来讲，他们知道老师再怎么严、再怎么管、再怎么罚，前提是老师对我好。当然，在学校，他们与老师的冲突常常表现为——作业没有完成，不遵守课堂纪律，自习课在球场打球，上网吧打游戏，或者群体手游。

在这个阶段，父母和老师在管理上会有很大的不同。由于年轻的父母缺乏育儿经验，有时自己面对叛逆期的孩子也不是很理性，因此，可能这个时候矛盾冲突会表现得更加激烈。而老师毕竟总和这个年龄阶段的孩子打交道，老师会从生理上、心理上、规律上认识和体会这个年龄段学生的特点——"就是这个样子"，说明经验的难能可贵或者在心理上早已做好了准备。出于理性的思考，老师会站在自己的角色行为的角度，管理方式就会不一样。再有，年轻的父母总是对孩子寄予殷切的希望，太希望孩子能成为什么，太希望孩子能按照自己的模式成为理想中的那个孩子。可是，往往事与愿违。

而这种隔心教育，常常出现在初二。到了这个年龄阶段的孩子，出现了生理年龄和心理年龄的严重脱节。看上去晃晃悠悠的个头儿，感觉应该是成人了，但是他们办起事来还特别幼稚，只是表面上会装出成年人的沉稳与冷静。学校的事情，孩子回来一般都不会跟家长说——已经分心了。他们还经常伴有异常的举动，故意把碍手碍脚的东西弄出声响，或者说一些不太礼貌的话，以沾染社会人说话的口气为荣。这种表达可能对父母的刺激比较大，以为自己十几年的教育付诸东流了，心里还会抱怨，"怎么生了这么个孩子"，这不是"以德报怨"吗？

在初二，孩子每天都会经历身体的变化，这给孩子的心理带来冲击。特别是个头儿的增长，在成年人看来无所谓，因为有的长得早、有的长得晚，不用着急，到时候就长了，但对这个年龄阶段的孩子来说，实际上是人生的一道关卡，孩子会经常想别人都长得那么高了，而我却长得这么矮，于是，每天都会为此事纠结，特别是用于气力的时候。然而，个别差异的存在，对矮个子的学生来说就是一种负荷。刘晓明教授说："这个年龄段的孩子关注的是现在，现在为什么这么矮，至于将来如何不论。同时，这个年龄的孩子会把自己和别人的不一样当作社会接受自己的一种障碍。"所以，成年人如果不很好地解决这个问题，把这个问题泛化到生存层面去理解，双方就会产生严重的心理冲突。

再有一个性心理的发展。孩子到了初二这个阶段也是第二性征出现的转折期。男孩子会变声、长胡子、长喉结，面对这样的性征，许多孩子都会情不自禁地去了解，在迈向成人的路途中又成熟了一步。反过来，这又会给孩子带来更多的心理疑惑或压力。孩子的心理社会地位是双重的，一会儿长大了，一会儿又还是个孩子。但是，孩子还搞不清楚他自己到底是孩子还是成人。魏国勇老师说："所有的这些东西都将导致身体、心理、社会多方面的变化，特别是情绪上的变化，是一个极不稳定的时期。认知的发展、智力的发展处在上升期，但是社会经验又有限，所以孩子思考问题又容易极端化，可能是一点儿小事，就会走极端，然后又会带来很大的情绪上的改变。"

初二的孩子，因为个人自身的能力面对问题常常又找不到自己解决问题的方法，所以就放狠话，"我就不干，你爱咋咋的"。应该肯定的是，不是所有的孩子都爱惹是生非。有可能是父母的管理水平跟不上或者有的老师工作方法不对头，造成孩子的焦虑心理。再加上初二课程内容加深了，又增加了一些课程，比如物理、几何等，有些能学的孩子成绩就上来了，不想学的成绩基本上就下去了，人也会渐渐流入社会。

有时，我常常想，学校也有必要开展家长课堂。因为家长也需要拥有教育孩子的常识。家长要根据孩子身心发展的特点以及社会发展的特点，采取相应的教育方式。家长在教育子女的过程中，切记高高在上，要平视，要把孩子当成朋友，有一种平等关系，这样就会避免没必要的矛盾和冲突。

当然，进入初二的孩子，在这个年龄段也要常常提醒自己，青春期到了，不要给自己增添无谓的烦恼。相对于青春期而言的更年期来说，成年人可能比较理性。生理的因素与心理的因素是复杂的。生理的变化会带来心理的变化，过于情绪化是青春期的主要特征。如果青春期撞上了更年期，双方情绪爆发后，自己都不知道为什么，冲突就已经发生了。当成年人遇到这种情况时，最好的办法就是冷处理——不要去激怒，不要去争辩对错，因为情绪作用下大脑思维是有局限的，辩论也是不起作用的，一旦冷静下来就会反思自己"刚才为什么发火？我不应该发火啊！"这个时候，成人对孩子的沟通工作就好做了。道理大家都明白，一说就懂。只有理性回来了，反思开始，才有说教的效果。这样的道理，也可以通过书籍、影视的阅读、观看加以先验的证明。《音乐之声》《放牛班的春天》里的那些调皮孩子，为什么那么顺风顺水地听从老师的指挥，不光是音乐拯救灵魂的问题，还有心理上的认同感。

解决"初二现象"所关涉的问题，学校要充分发挥心理咨询室、心理健康中心的积极作用，办心理讲座、心理沙龙和家长们一起探讨问题。现在看来，仅仅解决孩子的心理问题是不够的，因为很多孩子的问题往往和外在的环境是有关系的，社会是个大环境。为此，要有一种生态学的视角来关注孩子的心理健康，多读一些初中生心理健康教育方面的书。

通常如此，孩子小的时候，家长是讲说者；但在初二，家长要努力做一个倾听者。先说后听，这也是抚养规律。特别是后听，家长要耐住心性，听后再研究对策，这样不至于被动。

否则，孩子书包一摔出门走了。家长跟不跟出去？不跟出去这一宿的觉你都睡不好；跟出去，你就被动了。所以，家长先要学会倾听，先要示弱，这是教育叛逆期孩子的上策。如果孩子遭遇懵懂爱情，就更不好办了。

初二是情感、友谊、身体、学科知识全面涌现的时期。家长要在这个特殊时期，学做知己，沟通交流，平等相待。这事说来容易做来难。家长看到孩子学习成绩先别发火，先稳定一下，或者出去走走，也可以分说这件事。但家长不要背离学校教育，把孩子放到社会，麻烦会更大。知识的积累是教，但孩子还需要育，这样孩子才有后劲。

总之，叛逆的孩子咋管？方法只有两点——遇事别对抗，还要学会倾听。傅雷在《傅雷家书》中说："人一辈子都在高潮、低潮中浮沉，唯有庸碌的人，生活才如死水一般；只要高潮不过分使你紧张，低潮不过分使你颓废，就好了。"初二是一个人发展的重要时期，如何度过青春期，对孩子身体、心理的发展都有影响。要开足生理或心理等课程，完善知识结构，要充分意识到青春期的表现是一种正常的生理表现，家长要给孩子以成长的空间。这个阶段，教师关键是要把学生当朋友，相信"忠言也顺耳"，做好心理沟通，了解学生的内心世界，与学生一道成长。

初高中教育共同体建设及其学习方式的变革
——关于初高中衔接教育

题记：谁改变了教育，谁就改变了人。

——陶行知

"不太适应""有些困惑"甚至"听不懂"，这样的学习状态，对于每个刚上高中的学生来说，几乎都曾遇到过。学科知识带来的冲击，学习方式的改变，以及逻辑思维的增强，都会给高中生带来苦恼和焦虑。对此，我们要找到解决问题的方式、方法，包括学习能力的迁移，以及学科之间的深度融合等，以提高高中生的学习效率。

在初中，学生的学习状态是属于保姆式的、陪伴式的，是在老师督促和家长看管下的学习，学习具有依赖性。

在高中，学生的学习状态是半开放式的，是积极主动的，探索式的学习。但是由初中带来的被动状态的学习习惯一时还难以改变，正如有学生说，上课能听懂，习题也会做，但考试不会考，这是还没有很好地适应高中学习状态的一种表现。

王勇老师说："高中物理的学习，关系到文理分科。很多学生是因为学不明白物理，才选择学文的。"当然数学也就未必能学好，学科之间的结合，不管是文综还是理综，都需要有相应的学习能力。语文也是一门基础学科，但上了高中，很多学生不重视语文的学习。康玉红老师说："语文能力的养成不是单纯的阅读写作，而是一种在表层文字理解基础之上的深层挖掘，质疑能力、筛选信息、概括分析整合等能力，都能体现语文的基本学科素养。"其实，语文能力不强也会严重影响其他学科的分析判断。比如说，数学也是一门基础学科，涉及理科的其他学科的学习。甚至有人把数学学习的好坏看作是决定一个人智力水平的高低，那就有点儿个人的癖好了。但是，不具备语文的阅读分析能力，也不会很好地理解理科学习的命意。智力水平的提升是综合学习的结果。数学学习也不可能决定其他学科的学习效果，都是片面的说法。王勇老师说："可以肯定的是，不是每个高中生都能学好物理的。想学好物理的前提先要学好语文，在审读题干时要清楚明白试题的要求。其次是数学的解题能力，尤其是运算能力。还有逻辑思维能力——懂没懂、会没会、透没透、通没通——就是听明白什么是最基础的，公式能不能用，知识点迁移了还会做题，达到举一反三，融会贯通。"所以，到了高中，一定要养成分析、迁移、归纳、整合等综合能力。

初高中的学习很大程度上是相似性与相关性的差异。中考是老师讲什么就考什么，这是相似性，而高考的相关性是要求学生横向的知识衔接与拓展。高考的相关性考查，以语文为例，世界三大短篇小说巨匠之一的莫泊桑，教材里有《项链》篇，但高考是不会考《项链》的，也许都不会考莫泊桑，最有可能考欧·亨利或者契诃夫，这就是高考的相关性。在高中，"课文就是个例子"，是学习的参照。而在初中，课文就是考试的范围和内容。

因此，要做好初高中的衔接教育，其必要性在于学习观念的改变。康玉红老师说："衔接教育是过渡阶段的教育，需要教师的引导、帮助和陪护。因为初高中在学习内容方面存在诸多不同，教材、学法、思维习惯、思维方式等，那么作为高中老师应该熟悉初中的课程，初中老师也有义务有责任熟悉高中的课程，要做好知识体系方面的衔接。更不能考什么就讲什么，考多少就讲多少。要在知识内容、思维习惯、方式方法上做到初高中教育的衔接。"

初高中衔接教育在本质上要注重学习主体的差异性。不同学校的学生应该有不同的衔接教育的方式。以长春中考为例，600分以上的学生和500分以下的学生，衔接方式肯定不同。对于高分数段的学生要做好思想认识上的衔接，对于低分数段的学生要做好知识内容的衔接，而知识内容的衔接是衔接的底线。

从高中学校教学管理的角度而言，要重视衔接教育，要拿出相当的时间去"温故而知新"，不要在"温故"上吝啬时间，要知道，退后有时是为了更好地前进。衔接可以采取两种手段（方式），一个是集中性衔接，另一个是阶段性衔接。对于知识体系，也有纵向衔接和横向衔接以及延伸性衔接和拓展性衔接。高分数段的学生应该注重横向拓展衔接，低分数段的学生应该注重纵向延伸性衔接。一般来讲，为了做好衔接教育，校本教材也要分出拓展性校本教材与延伸性校本教材两种，要更好地加强系统性、连贯性和规律性的编写。

衔接教育要以校为本，每年面对不同分数段的学生，就要配备属于本校特色的校本教材体系，"因材施教"才能收到好的教育效果。

衔接教育更要以人为本，基于学生的实际情况来进行衔接，教材的使用要以人教版为准，借鉴华师大版，或者苏教版的有价值的体系内容。在这里，学校要鼓励教师自己编教材。

做好衔接教育的第一步是编好衔接教材。在初中，特别是讲到某一个知识点时，教师要在适当的情况下对学生做必要的知识点拨，作为知识的延伸与拓展——这一部分内容，我们初中的考查就到此为止了，但是高中还要做进一步的学习。在新课程体系下，要做到初高中知识的融会贯通，最好初高中教师在这个当口上做好必要的交流与沟通。这就是所谓"名师工作室"要干的事情。有针对性地开展专题报告或者交流沙龙等活动，基于初高中的教育衔接，应该进行有必要的几次活动，以促进衔接教育的全面发展。

另外，家庭教育在衔接教育中也会起到关键性的作用。从家庭教育的意义而言，初高中衔接也是孩子在心理上成熟的一个过程，这就需要家长和孩子要做好必要的沟通。有经验的家长还要告诉学生做好面对初高中成绩落差的思想准备，尤其在优质校，高分段的学生居多，因此，面对成绩落差，不要自卑和失落，要坚定信心找差距，改进学习方法，增强自信力。学生不要因为不适应高中学习就灰心丧气，松懈散漫，以至于自暴自弃。在学校，学习者身份有先进生、后进生、流失生之分，由于家庭教育的缺失，在校教师的教育盲点，导致由先进生变为后进生最后成为流失生的这种情况比比皆是。所以，家长、教师和孩子应该有一个共同的认识，面对学习层次的改变，其他因素也要做好相应地调整。因此，家长的监管意识还不能放松，不能以为孩子大了，都上高中了，就不管了。有一本书是一个母亲写的《陪孩子走过高中三年》，说明在教育过程中，陪伴的作用不能忽视。家长辅导不了孩子的知识学习，就要做好过程陪伴，思想的、身心的、情感的、语言的以及生活的，当孩子完成阶段性的学业时，家长回过头来想想这些陪伴都是必要的。

在高中学习阶段，需要调整改进学习的方式方法会有很多，当然应该遵循学习原则。康玉红老师说："一是要遵循循序渐进的原则，不要急于求成。知识的习得是需要经过自主的思维、分析、判断而得出结论的。对知识的记忆也要遵循遗忘曲线，学习需要不断地反复记忆的过程，慢慢加深烙印。二是要遵循学思结合的原则，边学边思考，不能被动等待，不要再接受灌输式、填鸭式的教育，要对知识进行有效整合，养成知识的迁移能力，就是要把知识学活。三是要遵循自主习得的原则。学习的结论不完全是老师传授的，结论很大程度上是自己努力探索得出的，这样才有学习的快感。四是要遵循知行合一的原则。高中要做到手脑并用，'纸上得来终觉浅，绝知此事要躬行'，要重视实践的意义。对于物理、化学、生物等课程，必须经过自己独立的操作，动手实践，对知识的接受才能加深。"总之，高中的学习要强调自主性、及时性、系统性和持续性。在学习上要多下一点笨功夫，功夫到位了，就会熟能生巧。

　　高中的学习与初中相比，还有一个问题不能忽视就是偏科问题。要正确地对待文理科。理科的特点是逻辑性强，思维缜密；文科的特点是情感丰富，形象发达。但是就语文和数学而言，它们是基础学科，是文理都要学习，高考都要考的科目，因此，学理的学生就不能不爱学语文，学文的学生就不能不爱学数学。偏科在高中学习阶段，对一个学生的总体成绩来说肯定是有影响的。有时，学生偏科直接的原因就是师生关系，"亲其师信其道"。还有，在学科知识层面，平时验收题的基础难度等都会影响学生的偏科。在这方面，家长要做好保驾护航工作，并及时跟教师沟通，掌握孩子在校的情况。

　　有的学校实行了双导师制，对学生在生活上、学习上遇到的困难进行有针对性地帮扶指导，这也是衔接教育的好办法，也是给学生进行补弱配优的好途径。

　　总之，拼搏三年，成就一生。初高中的衔接教育有很多衔接点，该从哪一点介入，要根据教育对象的需求，要尊重"一通百通"的道理。对此，初高中衔接教育，要引起教师、家长和学生的重视，让学生尽早适应高中生活。在人生的转折点上，把握好契机，就是一个人走向成功的起点。同时，也告诫刚刚升入高中的同学，珍惜机会，珍重青春，以一种阳光自信、奋发进取的心态来面对高中生活，"苟无济代心，独善亦何益。"（李白《赠韦秘书子春》）为学者要有大丈夫的胸怀，"世间富贵应无分，身后文章合有名。"（白居易《编集拙诗成一十五卷因题卷末戏赠元九、李二十》）大家要相信自己，为辉煌的人生做好必要的心理准备。

废弃的生命与增值性评价

——关于如何办好特色高中

题记：教育适应自然发展。

——福禄培尔《人的教育》

《国家中长期教育改革和发展规划纲要（2010—2020年）》明确指出："鼓励普通高中办出特色，推动普通高中多样化发展。"我们理解，这里的特色，不应该是形式上的简单概括——课程或者活动。在内容上，特色一定还要有一个精神内核，来回答"什么样的学校是好学校？什么样的教育是好教育？"这样的问题。

好学校、好教育就是有特色。如英国的伊顿中学、韩国的中东中学等。特色教育在某种意义上说，就是加强核心素养，尊重个性差异，培养创新精神的教育。教育不应该像工厂一样，将所有学生都混同为同类产品，认为秉性相同，需求一样，就可以按同一方式制造。将学校视为教育工厂，将学生视为学习工具的教育，就是一种不尊重个性差异的教育，就是一种泯灭人性的教育。

无论是在培养目标、课程设置还是教学方法等方面，如果没有内容的创新，那么，我们所说的特色高中就没有真正的支撑点。石艳教授说："高质量的特色高中，要满足学生的个性发展需要以及社会对学校多样化人才培养的需要，要思考特色高中建设的根在哪里，而不是要做表面上的文章，如果把握不住形式背后的精神内核，那么，即使特色出来了，也不会持久。"

是的，在创新模式上，学校要分清特色学校和学校特色这两个概念的不同。学校特色不能等同于特色学校，比如说，这个学校注重舞蹈、乒乓球、滑冰、射击等，然后就认为这是个特色学校，这是无法体现国家对于特色学校要求的。国家在这个阶段开始强调特色高中教育，是因为以往高中整体升学率低的时候，家长只考虑怎么能让孩子上高中就行了。对于高中提供给我们什么样的教育质量，并不是特别的关心。现在教育大众化发展之后，很多孩子都能轻松考上高中了，教育对象又有了新的需求。强调教育的差异性，不同的孩子渴望接受不同种类的教育，就像当温饱满足以后，饮食者总希望能在吉菜、川菜、鲁菜、粤菜中选择自己可口的饭菜。而现在的高中就是一菜一饭的大食堂，没有选择，饿了就吃，不饿你就不吃，没有可提供选择的空间，这就是高中办学的趋同性。李洪修教授说："特色高中办学的独特性，首先要强调教育的优质性，提高办学质量是第一位的。当然，这个优质办学不是单一维度的优质，而是综合维度的优质。"另外，特色办学还有一个认知层面的不同，即社会认同与政策认同是有偏差的。一个学校在管理上抓得紧、学习严、题海战术，这并不是从教育理论上，或者从国家政策角度而言的特色办学。在严格意义上讲，这不是我们要讨论的特色高中。一个高中是特色高中，应该是在长期的稳定的办学前提之下，或者说在社会公认的前提下形成独有的办学模式，这样的高中才可称之为特色高中。

特色学校办学的稳定性问题，一直是教育界讨论的热门话题。特色学校或许产生于校长独特的办学理念与办学模式上，并且这种模式要稳定下来，不能这一任校长离开了，学校特色也就被新来的校长取缔了，学校就又换了一个特色。实际上，这还算不上特色学校，只不过是校长的治校出现了新的花样而已。曲正伟教授说："任何一种特色的产生都基于自身的一种经验、历史和文化，不可能在此获得一粒模式或者特色的成功种子，到彼就一定开出成功的花朵。但现在很多校长都这样做，更有甚者，还存在前后两个校长正好相反的做法——割裂学校教育的历史沿革，并且割裂学校教育的管理文化。"要知道一个特色高中的形成，必须经过一定时间的淘洗，从而形成学校特有的文化，然后通过一代又一代的校长、教师以及学生的传承，才能够形成这个学校独有的特色。

目前，在整个高中教育阶段，有普通高中和职业高中之分，但定位不同。按照国家的政策规定，职业高中面向就业教育，培养应用型人才。普通高中在国家体系里还处于基础教育阶段，为高校输送合格人才。特色高中可以根据自身需要，或者多样化发展的办学思路，办成综合实验高中，即课程综合化和学校综合化。普通高中会给每个人提供适合的教育，而职业高中本身就有自己的就业定位。李雷教授说："其实普通高中和职业高中，都可能形成特色高中，关键在于这两类学校，不管是分离还是融合的状态，办学主体在追求学校发展的过程中，是如何来梳理自己的办学历史的，是如何能够把自己的办学历史和对于所在地区的文化结合起来的，并能更好地为受教育者提供更好的优质教育。"

高中的特色办学可能是基础教育当中未来发展的方向，或者说是一种必由之路，其价值和意义是多方面的。曾洋教授说："多样化发展，对于学生而言意义重大，学生出路多。普通高中就是学生升学的中转站，而特色高中可能是变成个人成才的立交桥。"教育的结果最终是要使个人成才。因此，特色高中一定要在提高办学质量上下功夫，而教育质量最终一定要反映在学生的成长上。如果高中教育发展不利，会给义务教育造成很大的压力，甚至矮化了人才培养——拔尖创新人才以及"钱学森之问"等。拔尖创新人才，不仅仅是高等教育培养出来的，一定是整个体系培养的结果。高中教育要多样化发展，也是人才重塑的过程，但学校治理能力要现代化，学校要有办学的自主权，来满足社会对于人才的多样化需求。

我们现在所主张的所谓一流的高中，既不在于大，也不在于全，而在于办出特色。就目前的情况来看，需要解决一些体制和机制的障碍。钟鸣教授说："首先要转换政府职能，简政放权。特色不是一刀切，要有基于学校历史的内生需求，要有可操作性的制度与可借鉴的模式，激励学校愿意去搞特色化教育。"现在，普通高中的竞争是同质化竞争——看高考成绩，看升学率，看学校排名。但多样化发展，要求的是一种差异性竞争，重点在特色。

这样，就会带来新问题，即特色教育的评价问题。以前评价容易，一个模子，一个框架，适用所有学校。现在独具特色，如何制定评价标准，这就需要具体的制度。特色高中，从学生的角度而言，是提供优质的多样化的差异性的教育；对于学校而言，也是在寻求生存和发展中的定位。学校是一个主体，一定要按照属于自己的模式去追求自己的出路，在追求特色与价值的途路中，寻找生存之道。

其实，办好特色高中需要回答几个问题：有没有机会？有没有能力？有没有需求？从国家的角度看，特色高中要开办下去，首先要考虑需求，有需求才有生存的可能性。办好特色高中，对校长是有要求的。校长要研究学校的定位，发展方向，因地制宜，可持续性发展。"好校长等于好学校"说的就是校长整体的办学理念、领导力、执行力、规划能力，确实决定了这个学校的发展。校长对一所学校功能的认识，是为学生提供最适合的优质资源。一个好校长应该有文化引领的功能，这样一些优质学校，才能追求更好的特色。

多样化办学或者特色高中能不能成为生存的需要，这是给非优质校提出的一个问题——生存的需要还是发展的需要？如果各走各的路，就要考虑发展是为了巩固优质教育资源，寻找特色之路。而生存之道是指办不下去的高中，如何在政府决策下再开辟新天地。这里面也存在悖论。薄弱校如果向着优质校方向发展，则永远赶不上；如果另辟蹊径，又恐怕还没有一定的资源储备。任何的改革和创新都是有成本的。沿着别人的路走，不会有太多的风险，即使办不好，也还能生存。一旦走自己的路，风险就会很大。这就是很多薄弱校校长不愿意搞多样化或者建不成特色高中的原因。以改革的背景不好为名，行不改革、不创新之实。作为一个校长，如果不考虑学校的自主创新，不进行教育途路中的艰难探索，哪怕进行微改革、微创新，那么，学校的发展与建设也会产生新动力。例如，可以增加选修课，还可以实行走班制等。作为一个校长，一定要时刻想着学校的生存与发展，一定要时刻想着改革与创新。现在，基础教育确实存在很多问题，特别是办学模式趋同、千校一面等现象严重。

因此，作为特色高中发展的管理者，校长一定要秉持一个正确的教育质量观。要知道，每个人在任何阶段都会有教育需求、人生理想、职业定位以及家庭期待等，然而，这些都在高中体系里被塑造了。以往，基础教育可能更多的是在应试体制下培养一致的人，教育变成了一个工业生产的流水线，按照产品的流程标准，产出合格品。如果是一个次品，也是按照这个标准检测。但是，教育怎么能等同于工厂，工业废品就是废品。但将考不上大学的学生称作教育废品是毫无道理的。

《废弃的生命》曾谈到，在教育流水线里面，废弃的不是产品而是一个生命，而恰恰生命是不能被舍弃的，也没有任何人、任何资格去舍弃生命。作为学校管理者而言，办特色高中转变育人观念、质量观念、加强内生发展观念，要跟学校的历史、传统紧密结合。

目前特色教育成功的经验，一是把优势办突出。突出并不是指学校的升学率，而是适合人才发展需要的优势——加强校本课程、教师发展以及学生导向、改革课程与教学等。二是把薄弱做成特色。不再一味追求考试的升学率了，学校追求的是学生的其他方面的发展，比如走职业高中这条路，将来从事技工、服务等行业，让学生知道，不是放弃了人生，而是为人生找到更适合自己的生活路径。

在这种情况下，校长要给学生和家长提供愿景，这个愿景不是升学标准，而是增值性评价，使得学生在特色高中，能获得最大程度的进步和发展。评价是基于政府对学校的评价、社会对学校的评价——义务教育需要什么样的高中，大学需要什么样的高中，社会需要什么样的高中，只有这些配套改革措施都做好了，高中特色发展才可能有现实的制度背景。

但是目前社会对教育评价的取向是畸形的，评价唯一的指标就是状元的产生。这个学校只要考出状元来就是优质高中。其实任何政策评价都是要有抓手的，具有可操作性。特色高中的评价体系，例如体育、艺术等，更多的是口号，严重缺乏可操作性的东西，不能全面反映特色高中的所有品质。根据掌握的资料，政府、社会、家长的评价体系一定要看升学率，还是一种功利性的目标，如此看来，需求不一定是完完全全地满足，有的时候需求是需要引导的。比如说，追求升学率的高中也是社会历史需求造成的——快出人才、出好人才。因为那时候太缺少所谓的顶尖人才了，是在特殊的历史背景下。现在社会开始转型，全面推进社会的人才素质，人才需求发生了根本性的变化，这对办好特色高中更有意义。

　　吉大的高中始建于 2010 年，学校承载着春城人民的期盼和厚望，在北国春城荣誉诞生。本着"办学高起点、实施高品位、教学高效率、社会高评价"的教育理念，以"德育为先、学能为本、体质为重、综合为才"的领袖意识为培养目标，学校构建了吉大高中学生独特而又终身受益的教育模式。现代化的教学设备，优秀的教师团队，优美的教学环境，都是把吉大高中学生培养成为同一时期的一代英才、一代领袖的必要条件。吉大高中的成立就体现了特色办学的特征。

　　学生的构成：高起点的精英团体。2010 年，学校首届招生 390 名，基本上是长春市的顶尖学生。他们大多数在初中阶段的学习中已经显现出非凡的才能和巨大的潜力，他们所具有的天赋和对学问的特殊兴趣，以及非凡的创造性思维能力都与众不同。为此，学校全方位地对他们进行理科实验培养和文学艺术的熏陶，为他们脱颖而出创造了良好的成才环境，造就了一批在自然科学领域、社会科学领域里具有较强能力的创新型人才。

　　养成教育：入学启动的育人模式。高中部推行六种管理模式：文化管理，强调团队精神和个人情感的作用，注重学习主体的培养和发挥；价值管理，只要与学校发展的价值取向一致，教师不必层层请示，可直接进行工作或解决问题；全员管理，每个教职工都是服务者（全员育人），校长是最忠实的服务者；全程管理，学校在每个学段为每个学生都提供足以成才的机会，学生在每个学段都有成才的可能；全面管理，充分发掘场域的作用，让学校的每个空间都变成成才的有效场所；自主管理，使每个学生都充分具备学习的能力和生存的本领。

分阶段确定不同的管理目标。高一年级：适应环境，规范行为，确立自我；高二年级：健全人格，提升品位，完善自我；高三年级：强化责任，学会感恩，超越自我。

高中部的养成教育重点落实几个到位——要求到位；跟班到位；解决到位。要完成初高中学习观念与学习方法的转变。高中与初中相比，无论从知识量还是从能力的要求方面都有较大层次的提升，为适应高中的学习，学生在学习方法和学习方式方面都需作出相应地调整。这样，教师在班级讲话、与学生个别沟通、课堂教学、考试小结中，都要切合时宜地对学生进行学习方法的指导，比如要让学生养成良好的学习习惯（主要是笔记习惯）、讲求听课效率、不能死记硬背，要注重知识的理解和运用，强调自主学习等，力求帮助学生尽快地适应高中的学习。同时教师要对个别思想和情绪有波动的学生多鼓励，建立他们的信心。为此，高中部聘请了诸多理科教授、专家学者、海外留学生等为学生解释疑难，完成过渡。我们还多次利用自习时间强调高中课程的学习与学习方法，引导学生尽快进入学习状态，使同学们走进高中、亲近高中、坚定信心。总有一些同学由于各种原因还没有进入高中学习的状态，在课堂教学中，我们根据每节课的课堂反馈和助教答疑反馈不断对教学过程进行调整，使学生真正懂得主动去学习而不是被动地接受，真正动脑去思考而不是过分依赖教师去讲述。要求教师要了解每位学生、用自己的行动感染学生，尽快组建和谐、团结、奋进的班集体。教育学生要"亲其身，信其道"。学生只有信服老师，才能学好本学科。这就要使学校、年级、班主任通过各种方式为科任老师树立威信，同时力争做到公平、公正地对待每一个学生，处理问题时不给学生留下阴影，走进学生，建立和谐的师生关系，让学生阳光、快乐地学习和生活。课堂外，教师要多与学生谈心、唠家常，参与他们的活动，服务于学生。在军训时，学生生病、想家、饮食不习惯、寝室里的不适都成为教育学生的最好契机。

因材施教：课程个性化的设置。高中部组建了8个班，全部实行分层次教学。分层次科目为数学、物理、英语、化学、生物、科技创新。让学生充分选择：学生刚上高一，利用一个月的时间，听不同老师的课，选择适合自己的层次，便固定下来。若要调整，每学期初学生可以重新选择。高中部鼓励学生参加教育部规定的全国高中数学联赛、全国高中学生化学竞赛、全国中学生物理竞赛、全国中学生生物学联赛、全国青少年信息学奥林匹克联赛、全国青少年科技创新大赛的各个学科的竞赛活动。学校除聘请了省内的优秀教练员外，还为每科安排1名专职教师及3—5名兼职教师进行辅导。分层次教学的同时，广泛开展选修课和双语教学课等活动。创新教育以研究性学习为培育载体，以研究课题为实践平台，教会学生科学的思维方法和发明创造技能，重点培养和发展学生的创新意识与能力、收集和处理信息的能力、主动和自主获取新知识的能力、分析与解决问题的能力、交流与合作的能力以及对自然环境和人类社会的责任感与使命感。

教学开放日：彰显高中部教育教学的实力。为了进一步增进教师、学生及家长对学校教育教学工作的了解，高一年级在此期间配合学校精心策划、科学组织，并认真听取了各方面建议，制定了开放日活动方案、人员分工、教学课表和参与展板制作、教学楼平面图绘制及内外布置、撰写家长一封信等工作。学校领导在不断总结的基础上，根据平行校举办开放日的经验，制定了我校开放日教学工作的流程，每一项工作都按流程进行操作，使其工作更加规范合理。

教师敬业精神："全天候"的教师服务。吉大附中高中部拥有一支实力雄厚、业务精湛、敬业爱生、朝气蓬勃、富有亲和力的教师队伍。在按传统的方式正常上课之外，学校全天开放实验室、图书馆、自习室。教师在课堂里提供探究式学习、问题解决讨论和合作学习的机会。学校还将每天的自习课专门安排为学生自主学习的时间，并配备一名助教（解题教师）负责班级的秩序，学生可以根据所学课程中的薄弱科目或是自己感兴趣的科目选择相应的教室进行学习，可以就不懂的地方与同学进行讨论或是向老师请教，对此，学校规定，在校教师做"全天候"教学服务。"全天候"教师除了主讲教师外，更主要的是到吉大附中工作的博士、硕士，这些应届毕业生在培养不成熟的情况下是不能作为主讲教师的，要做一定时间的助教。跟随有经验的学科主讲教师听课，协助相关学科做好科研和教学工作，负责收集学生的反馈信息，在主讲教师的指导下开展专题讲座、课堂试讲。待他们的课堂教学经验成熟后，再聘为主讲教师，完全沿用大学培养教师的模式。现有中科院、吉林大学、华东师范大学和东北师范大学等院校的博士、硕士成为高中部的助理教师。

双导师制：构建中学与大学的桥梁。以大学资源为依托，开展各种兴趣小组活动。学生走进大学理化生实验室以及计算机室等实验室，高中部继续沿用初中部的导师制并加以创新，在大学导师的指导下，学生亲自动手，参与简单的科学实验操作。吉大附中每个学生都将受惠于"双导师制"，学校和吉林大学联合，充分发掘教师资源，为每位学生配备双导师，大学导师担任"成长导师"和"学术导师"，发现学生的特点、专长，帮助学生制定个人发展计划，为学生的专业志趣成长提供有利条件；由中学老师担任"学业导师"，培养学生全面的科学素养。学生必须主动要求导师监督指导他的功课，并使导师对其产生特别的兴趣，这种师生关系将给以后的学术发展与文化生活带来更多机会，他对学生成年之后的智力和社交能力的发展均有很大益处。学校把导师的研究方向、研究成果、学术成就、联系方式等资料印发给学生，指导学生根据自己的实际情况选择导师。接着，学校把选择的结果及所选学生的个人情况通报给导师，让导师选择自己中意的学生。最后，把双向选择的结果公示出去。为了让学生认识大学导师，进一步了解大学导师，学校经常组织大学导师与学生见面的活动。整个见面活动组织有序，气氛热烈，效果显著。校内导师，要求学生与导师签订协议书，一式三份，学校、导师、学生各执一份，双方形成契约关系，必须为对方负责，对于双方都是一个很好的约束和督促。

学生社团：学生自我守望的精神家园。本着学校"以人为本"的管理理念，培养学生民主、自由的精神，增强同学们的主人翁意识，锻炼他们的组织协调及沟通能力。团委通过民主选举，成立了学生的各种社团。团委组织学生社团活动的宗旨是：整合学校资源，培育新的亮点。关注学生个性差异，为每一个学生创造特长展示的天地，发展学生才能，探索继续提高的方向。开阔学生视野，培养团队精神和合作意识。开展休闲教育，丰富校园文化生活，以促进学生身心健康发展。主要社团类别如下：

国学社：读书与写作，积极参加各类作文竞赛，办好《牡丹园》。奥赛社：培养学科特长生，为学科竞赛打好基础。英语社：开展丰富多彩的英语活动，提高学生的听力、口语水平，训练学生的英语思维。音乐社：培养声乐、器乐爱好者。舞蹈社：展示新时期中学生精神风貌，提倡正当娱乐活动。书画社：绘画、书法训练。体育社：球类、田径类训练，组织各种体育比赛。摄影社：摄影技巧的把握和鉴赏。演讲社：学生演讲与辩论能力训练。还有 bliss 乐团、动漫社、棋社、模联和戏剧社等。

名人进课堂：先进的理念、文化和技术进课堂。名人进课堂是为了让学生和家长了解当前最新的高考形势，砥砺学生迎击一切困难和挑战，以更高的热情投入到高中的学习生活中来。学校先后邀请了杜宇同学，以她自身的成功经验告诫学生们先确立小目标，然后逐一去落实，最终实现大理想。邀请了清华神厨张立勇来校讲座，鼓励学子们为立志成才吃得起辛苦、耐得住寂寞，为我校师生奉上了一顿丰盛的精神大餐。邀请了美国化学研究专家鲍斯曼教授来校讲座，教授风趣诙谐的讲座风格，让学生在轻松的氛围中领略纳米知识的奥妙，鼓励学生热爱科学、珍惜大好环境。还有物理学界杨振宁、航天英雄杨利伟、文学界张笑天等。

取消间操：还学生 1 个小时体活，给体力充电。高中部取消了形式单调的课间操。每天 15:00 至 16:00 是学生的体育锻炼时间，这个时间是属于学生的，雷打不动。学生在这段时间里可根据自己的兴趣和爱好自由选择活动内容，如排球、篮球、足球等，所有的学生必须参加，使其身心健康发展。此外，学校还成立了篮球、排球、足球、演讲、舞蹈、器乐、美术、书法等多个由学生自主申请的俱乐部，涉及各个方面，每周利用 1 个小时的时间让学生投入到俱乐部的活动中，学习课堂以外的知识，拓展学生的兴趣领域。

班主任：高中办学的脊梁。高中部设置了班主任和副班主任制，两位老师共同管理班级。副班主任选择的都是有多年班主任经验的高级教师或特级教师，且理论水平和实战经验都很强。学校以发放学习资料、专家讲座、经验交流、班主任会议、师生座谈、导师制度、外出学习、实践活动等多种多样的形式为班主任队伍注入血液和活力，开阔了班主任的眼界，提升了班主任的水平。爱心是教育的不竭源泉，是学校发展的原动力。高中部本着校长提出"服务学生"的教育理念，要求班主任老师用自己的行动来践行这一理念。学生无小事，班主任时刻想着为学生排忧解难，帮助每位孩子树立信心，让每一位学生在爱的教育下幸福成长。孩子的教育离不开班主任和家长的共同协作，孩子在家中的表现只能通过家长来获悉，同样学生在学校的表现也应及时反馈给家长，只有双管齐下，才能收到教育的效果。班主任们主动与家长们保持联系，将一些孩子的表现通知家长，共同商量对策，也利用班级网站、电话、家长会、分层座谈、家访等形式与家长进行交流，以便家长和学校携手育英才！

对外交流：拓展了教师的教育视野。组织教师到外地学习考察。在对上海市建平中学、七宝中学和市东中学等学校的参观中，考察团在教育思想、办学理念、教学方法等方面都获得了很大收益。华东师大二附中的部分特级教师为考察团做了观摩课。高中部将继续扩大友谊校的范围，并广泛开展校际的交流活动。吉大附中高中部还引进了美国 AP 课程。美国 AP 课程是为将来到国外上大学的学生搭建的一个重要的桥梁，我校很多学生因此而受益。

奖学金制：奖学金分为四大项。入学时奖学金：中考成绩的佼佼者或学科竞赛成绩突出者获此奖学金。校长奖学金：每学期考试中成绩最优秀的 20 名学生，获得"卓越者"荣誉，连续三次或累计四次成为"卓越者"，获得校长奖学金。"希望之星"奖学金：由于某种特长，如奥林匹克学科竞赛、体育艺术竞赛、科技创新竞赛，获得"希望之星"奖学金。"明日之星"奖学金：毕业时学校将从以上获奖者中精选出 20 人，授予学校最高奖——"明日之星"奖学金。

展望未来，吉大附中高中部全体教职员工，面对新的机遇和挑战有清醒的认识，对学校未来的发展充满信心。学校高度重视并落实"科研是先导""人才是第一资源"的思想，充分发挥和释放知识资本和人力资本的潜在因素，并努力使之成为推动吉大附中高中部发展的核心动力，把"二次创业"作为全校师生的历史使命，把"二次腾飞"作为全校师生为之奋斗的共同愿景。

　　总之，如何办好特色高中是一个长期的教育话题。目前高中教育还存在许多问题，需要社会、政府和学校共同努力才能够解决。同时也使我们认识到高中办学模式的多样化、特色发展和学生的个性需求都有待提升和改进。未来的高中教育更应该关注每一个个体生命的健康与发展，让学校成为学生个性成长、心灵放飞的理想场所。

互联网上的言论自由与公共伦理

——关于中小学生的网络行为

题记：对青年进行道德教育是每一个社会成员的义务。乌托邦人即使在吃饭时亦精心安排座次，以使青少年养成良好的道德习惯。

——莫尔《乌托邦》

古人常说："秀才不出门，便知天下闻。"说明古代的秀才若是宅在家里，通过自己的判断也会了解大千世界的状况，所谓"未出茅庐，就已知三分天下"。如今，在互联网时代，"坐地日行八万里，巡天要看一千河"，也不再是诗人的梦想，一个"今日头条"就会基本囊括天下大事。信息不再是权贵的专利，通过互联网就可以获得廉价信息。人人都可以在互联网上自由、平等地发表言论。

但是，互联网也是一把"双刃剑"。技术为现代生活带来快捷与方便的同时，也会带来诱惑与罪恶。在互联网虚拟的世界里，人的真挚情感似乎变得很廉价，甚至不太在乎对谁的情感表达。比如，你在网购的时候，可以跟任何一个人说："亲，……"其实，你也根本不吝啬这样的廉价出卖，反正你也在演戏。在虚拟的世界里，大量的信息扑面而来，信息因观点鱼龙混杂、良莠不齐，就显得对情感、知识、真理不那么敬重，有时，还会带来一种新的对别人的伤害，特别是对涉世未深的中小学生来说，更需要练就一双火眼金睛，来辨别网络上的真假信息。

如何甄别互联网上有价值的信息？通常，网传的所谓"事实信息"还好辨别，甚至不用辨别，时间一到，就检验了。而审美体验与道德境界方面的信息就很难辨别。在《新周刊》上，蒋方舟组织了一个讨论，是关于"媚俗"的，而实际的真正意义是"媚雅"，这可能是现代社会更大的一个问题。因为那个领域常人根本就接触不到。但是现代社会每个人都为了证明自己的存在价值，都想去寻找那个"媚雅"。其实不管是"媚俗"还是"媚雅"都是一个极端，人的真正价值与人的正确存在方式在哪儿呢？人的自我是因为懂得自我才有自己真实的观点和批判的能力吗？曲红梅教授说："俗和雅的问题，有的时候这个界限也很难界定。即使成年人也不会一下子就能辨别出哪些是真实的，哪些是虚假的。而当代社会是一个以信息来博人眼球的社会，为了点击量，为了收视率，更多的信息难辨真假。"在这里，关键是要让孩子有一个正确的价值取向，这样在判断的过程中，就容易选择正确的信息。

西方进入网络社会比我们更早一些，然而，他们的网络原则是不构成对他人的伤害，包括个人名誉或者经济利益。像"人肉搜索"这样的一些恶搞，实际上都是不应该的。学校对中小学生进行网络道德教育时，更应该注重对他人的不伤害。也就是说，站在一个道德的制高点上，通过网络来让孩子们懂得如何去帮助他人，如何在道德上去救助他人，甚至拯救他人。金书辉老师说："公共空间的责任意识要在孩子的心里建立起来，要知晓在网络中发表言论，是要承担起对所发表言论的责任意识，甚至是法律责任意识。不能在不明真相的情况下，随便跟帖，以为说说而已，岂不知已对他人造成了伤害，甚至忘记了自己曾经说了什么。"很多中小学生可能没有意识到这种网络传播已对他人利益构成侵犯，是违法行为，而不是网络道德谴责的问题了。

某校一名高二学生为了"好玩儿"，就恶搞了一下校长，把校长的个人照片放到网络上，引起了其他学生的大量跟帖。在审查中得知，学生没有意识到这已侵犯了他人的合法利益，是要受到惩罚的。为此，作为家长和老师要加强对孩子的网络安全意识和普法知识的教育。不发表攻击别人或者侮辱别人的言论，也是做人的底线。

再有，关于中小学生"不能安全上网"的问题，也要引起教育工作者的重视。不能安全上网是可能导致沉迷网络的前兆，最后产生网瘾。实践证明，网络成瘾也是一种精神疾病，严重的有可能会损害身体健康。青少年正处于长身体的阶段，过度沉迷于网络，身心将会受到双重伤害。网络成瘾同样在很多成年人身上也有体现，说明网络依赖是一种惯常行为，只要你沉迷就不能自拔。

有时，成年人也会有这样的心理，如果有哪一天不查一查邮件，不在电脑之前浏览一下信息，不查一查手机微博，不看看朋友圈的新动态，心里就没底。久而久之，就会形成网络依赖，在某种程度上说，也是一种心理疾病。以 iPad（平板电脑）为例，实际上就是人们的一种精神鸦片。在某一段时间里，人们不间断地玩儿 ipad，就会产生对 iPad 的强烈依赖。如何摆脱网瘾，在这里，我们可以做一个类比，玩儿 iPad 里的游戏就像吃小食品一样，要让孩子吃够，也就是说，玩儿够了，也知道了什么程序，也就化解了"瘾"的问题。曲红梅教授说："对于孩子上网玩游戏这件事情，我们恐怕不能用'堵'的方式来解决。孩子的天性就是越不让玩就越觉得好奇。即使他们在家里实现不了这个愿望，也一定通过别的渠道实现。"我们都知道，"疏导"是教育更好的方式，要让孩子明白，这款游戏和那款游戏之间，其实差别不大，只不过换了个名字而已，适当的提醒，可能比强制性防范更有效。

其实，谁都可能有面对一款游戏打通宵的时候，但是，不能因玩游戏总打通宵，这就需要抵制，如何控制调整心态就是一个问题。金书辉老师说："现在大型游戏对青少年上网都有一些强制性的措施，比如说，十三岁到十六岁的孩子在通过实名账号认证后，是有玩游戏的时间限制的。一般规定在一个小时左右，然后累计相应的经验值，避免过度沉迷网络。"成年人对网络游戏的控制相对来说还是比较理性的。当感觉对一款游戏有点儿离不开时最好是从计算机中删去，并使之成为一段美好的回忆，若有"破镜重圆"时，也只是思念而已。何时卸载？就在身心俱疲时。这个就要靠成年人的自制力，但对于少年儿童来说，因诱惑力大而难度增大。大部分孩子可能都不具备这种自制的能力，这就需要家庭、学校给予帮助。

凡游戏大都是遵循"很黄很暴力"的制作规则，中小学生一旦介入就很容易陷到里面。相反，如果说玩一些益智类的游戏（小游戏），让孩子很容易就能够通关而获得一些奖励，他们就不会沉迷。作为玩伴，也可以家长陪着玩。双方约定好时间，准备过几关，另外家长作为玩家的身份体验，也可以平等地与孩子倾诉，既是思想沟通交流，也是游戏的向导。

孩子沉迷于网络与家庭因素密不可分。在当代中国的社会，外国人称之为"China one"（独生子女）的家庭，可能有两个极端，一是对孩子过分关注，物质上满足所有要求而忽视心理、精神上的要求，孩子不能形成自主意识，没有自主权的孩子可能就会在网络上寻找。另外一个极端就是家长无暇关照孩子，家长就把电脑、手机扔给孩子，尤其是在放学后或者是在假期里，放纵的结果就是孩子染上了网瘾。

可能有人会说，游戏是能够减压的，学习任务繁重时，玩游戏可以相应地缓解压力。然而，适当玩游戏与持久打游戏，性质不一样。一旦网瘾形成，接下来就会导致网络犯罪。因为要寻找社会角色的确任，在虚拟的世界里要承担一个角色，找到自信，这就是对现实生活的逃避。这样的孩子往往在现实生活中是不被认可，或者不被认同的。在网络世界里，自身变得强大是用来确定自己的社会地位、价值和意义的。如果在现实生活中，孩子内心的压力被人理解或疏导，并得到学校和父母正向的激励，那么他们对网络的依赖性就会减少。尽量把孩子的注意力从网络当中转移，让他们更多地参加一些团体性活动，就会起到一些缓解的作用。

有人概括中学生的不良嗜好——上网、谈恋爱、打架。现在学校的思想品德课已经增加了关于上网危害的一些课程的教学内容，探讨网络给学生成长带来的悲喜等。

孩子不能健康上网有着深层的社会根源，要对症下药，不能因为孩子上网就实施家暴，要寻找一个更好的方式。曲红梅教授说："一对美国夫妇的经验就是——不要把电脑放在孩子的房间里，要把电脑放在客厅里。孩子上网浏览什么东西，其实都在父母的眼皮底下，当然父母可以不坐在旁边，但是父母视力范围所及。"另外，监管其实是双向的。父母想要上网查资料，也在孩子的监督之下。良好的互相监督关系，更利于孩子纯净上网。

教育需要未雨绸缪，要有解决问题的预案。网瘾的问题是心理的问题，要有条不紊地按部就班地去解决。要知道孩子能够点击鼠标的时候，他可能对网络就感兴趣了。有节制地对待孩子玩游戏、浏览网页，就会避免网络成瘾。

这不是说，孩子不能上网，而是家长要设定好上网时间，比方说30分钟，或者一节课，到点了就要主动从网络中退下来，从小就培养习惯，养成规则意识、契约意识，有节制地使用网络，也可以避免孩子网络成瘾。

玩儿是孩子的天性，但大型网络游戏都不适合孩子去玩儿。

金书辉老师说："大型游戏本身就不是从促进青少年健康成长的视角开发的，而是以市场营利为目的的。有一些益智类游戏，孩子们还不一定喜欢。从教育的角度来讲，有时候也是矛盾的，也是无助的。但是我们还是尽量推介益智类游戏。诸如猜成语、字谜等知识游戏，对学习可能也有促进。"

还有这样的情况，在家里孩子上网可能会受到家长的监督，但是孩子离开家长的视线以后，比如说，孩子放学了正好路过学校旁边的一个网吧，花几块钱，半个小时后回家。这种情况，网吧监管应该负起责任来，不要总是眼盯着利益，要有关心下一代的良心，要有法律的监管意识——十八岁以下青少年禁止入内。

孩子网络成瘾的问题一定是社会问题。成年人都有责任为孩子们营造一个健康的、和谐的社会环境而努力。现在对互联网的管理方面已经比以往有很大的进步，主要的网络运营商也提供了相应的检测技术手段来保证网络当中的一些不良信息的传播。从宏观上来讲，这对于净化网络环境还是有作用的。对于一些不知名的，或者说怀疑可能会有病毒的网站，最好是从主观上不访问，避免钓鱼网站、黑客网站，否则，病毒入侵你的个人电脑就有机会了。

作为计算机终端用户，安全的监测机构为我们提供网络搜索中的不良网站，然后进行逐级屏蔽，可以说，在我们身后有很多人为了营造网络的健康环境，在默默地工作着。

总之，如何保证青少年健康上网一直是老百姓比较关心的社会话题。不过，每个人都必须学会承认缺陷、接受悖论，同时保持人性，这是教育者向受教育者首先明确的。孩子网络成瘾并不单单是孩子自身的问题，也许是社会所共有的问题。希望我们都能够学会用正确的方式去爱自己的孩子，让孩子真正地做到健康上网、快乐上网。

总有一项体育运动让自己喜欢

题记：世上没有比结实的肌肉和新鲜的皮肤更美丽的衣裳。

——马雅可夫斯基

人的一生要想办法爱上一门体育运动，不仅仅是为了减肥、锻炼身体，更是丰富自己的人生。如果孩子胖了，一定要减肥——因为"大胖小子""大胖丫头"现在已经不是一个褒义词，要转变传统的健康观念，坚持科学运动，改善饮食习惯。应该说，一个不懂得体育的家长不是一个真正合格的家长。同样地，一个不懂得体育的校长也不是一个好校长。

一、"小胖墩儿"的尴尬

走在中小学的校园里，总能够时常看见小胖子的身影。医学资料表明，像高血压、高血脂、高血糖等"三高"人群越来越趋于低龄化，中小学生的健康状况令人担忧。并且，肥胖严重影响到孩子的智力发育。而造成肥胖的原因在很大程度上是营养过剩，缺乏锻炼。

孩子的饮食结构是根据自己的生理所需，包括味觉、嗅觉等器官的综合刺激而形成的习惯性选择。由于过度溺爱，父母不按照科学规律来安排孩子的营养和膳食，孩子喜欢吃的就多吃，不喜欢吃的就少吃，甚至不吃。这样，孩子的营养平衡就很难达到。对此，在某种意义上，家长要干预孩子的饮食，科学合理地搭配饮食，控制小食品、快餐的摄入量。如果孩子的口味过多地放在过酸、过辣和过甜的零食上，正餐不好好吃，每天都离不开碳酸饮料，出现肥胖现象，那是可想而知的。

吃饭也要用脑子，不能无节制。在西方快餐店吃汉堡，汉堡的上面往往都要打上能量，人们可以根据摄取的热量来选择饮食，事实证明，这是科学的做法。

在家庭的监督下，孩子少食、多运动、合理配餐还容易做到。可是孩子一天的大部分时间是在学校，面对一些肥胖的孩子，学校也该采取一些必要的措施——开足体育课。

但凡体育运动学生都会喜欢的，但是，在体育的后面加上一个"课"字，学生就不喜欢了。好多事情也都如此，一旦组织化了，把四五十个孩子聚在一起，又不是私人订制般针对性强，而是统一步调、统一节奏，难免就会出现不一致的情况。群体化的班级授课方式强调高度组织化，然而，许多孩子就不喜欢这种高度组织化，越组织越逆反，年级越高逆反心理越重。自由活动时打篮球可以，孩子们的积极性都非常高，但是篮球课就不喜欢上。定点投篮训练、三分球投篮训练以及行进间运球等，他们都不喜欢。这里，要思考的问题是，在高度组织化的背后和无组织化的背后,学校体育课程究竟能不能起到健身的作用? 意义何在? 何劲鹏教授说:"运动最大的问题是负荷上不去,负荷上不去就没有功效。学校的健身运动以及体能训练是达不到理想的个人要求的。越到高年级越讲究规格化、标准化,所以课程当中审美的因素就极度缺乏。"可见,要想通过体育课来减肥,那简直是一件难事。长春航空游泳俱乐部专门招收四十公斤以上的小胖墩儿,低了不要。吉林大学也有个青少年体质训练营,也是专门针对小胖墩儿。

减肥还是先从奔跑开始。奔跑是人类的一项基本技能训练。在奥林匹亚阿尔菲斯河岸的岩壁上保留着古希腊人的格言:"如果你想聪明,跑步吧! 如果你想强壮,跑步吧! 如果你想健康,跑步吧!"跑步还能抵抗工业文明带来的疾病——开车或者坐车。体能也会在走跑交替之中提高。但是,减肥是自己的事,要有自我的锻炼意识和自觉行为。如果自身主观愿望不想减,那么,来自外界的减肥因素就显得毫无意义。减肥需要自己调节自己。当发现自己的体重增加时,就不要好吃懒做,要强力激活体内的运动细胞,多参加一些体育运动。肥胖的孩子在体能没有恢复上来之前,还不能大规模地进行体育训练。

人们常说,减肥要"管住嘴,迈开腿"。小胖子减肥难很大程度上在于家庭。有时家长出于溺爱,很难控制孩子的饮食,也很难下狠心让孩子参加体育锻炼,这是家长教育孩子的限度。还有一种教育方式,就是依靠学校。通过班主任的工作来让小胖子减肥。班主任的话语权对孩子是具有说服力和指导意义的。当然,班主任是一个爱运动的班主任最好(起码不是一个大胖子），班主任喜欢体育运动，或者能带领孩子一起运动，减肥的效果就会增加。

其实，控制孩子的肥胖从三岁之前就要开始，关键在饮食上控制，不能把孩子的胃撑大，一旦撑大，孩子少吃就会产生饥饿感。但是孩子在成长的过程当中，总有一段时间不愿意吃饭。有时，需要家长在后面跟着喂饭，原因是孩子有一个身体生长发育的敏感期，在这个敏感期里，孩子对自己的身体会产生某种特殊要求，也是心理性格形成的重要基因。不要错过成长的生理发育期，后天的补偿是没有意义的。

不要相信这样的传说——"小时候胖，长大就抻开了"。但是等到不长时，又会胖回来，因为基因是存在记忆的。健康的体质还需要长期坚持锻炼，不要"三天打鱼，两天晒网"。不可能说昨天跑个500米，今天做个力量训练，明天再做个心肺功能训练，体质就上去了。锻炼还要持之以恒。

肥胖的问题要引起家庭和学校的高度重视。有时，生理的问题直接导致心理的问题。在学校的体育课上，小胖子动作不灵活或者动作不协调是常有的事，就可能会引来同学的取笑。或者在社会的某些公共场所，孩子因为自身的肥胖造成的尴尬局面也许会很多。肥胖直接导致的心理病因是自闭症，包括缺乏减肥的自信心都可能导致变态心理。人一旦肥胖了，就要有耐心做好长期的体育锻炼，也是对个人意志品质的考验和磨炼。

俗话说，胖子性格好。因为胖子都有自嘲的心理。但是养成阳光健康的心态不容易。特别是女孩子，尤其在青春期比较敏感的阶段，各种的担心，各种的压力就会随之而来，严重影响身心健康。一般来讲，学校体育也要采取相应措施，比如体育课分班制（根据学生选项、兴趣、运动能力来进行有针对性的课程设置，会对抑制肥胖起作用），或者增加女孩子的室内课。因为胖的女孩子在室外会招来许多异样目光和指指点点。尤其在夏天，胖孩子还愿意出汗，甚至全身湿透。所以，有条件的学校就把特体的孩子大部分安排到室内去上体育课。胖子之间的交流就会显得直接和从容。

面对肥胖，平时，要科学有序地安排减肥计划。长期坚持，运动逐渐增量增强。警惕那个体重秤，家长要做好心理辅导工作，因为有的胖孩子体重减得慢，胖孩子会因此烦而丧失信心。如果他们真厌倦体育运动，后果不堪设想。

还有每天都要达到运动量的要求，做好计划，最好有伙伴一起共同减肥。参加一个特长班也未尝不可。比如游泳班、健美班、各种球类班等。目的是从身体的自然属性出发达到身体的社会属性改造。增值的区间（附加值）就在自身的努力和与队友的不断交往过程中。

学校要想把体育教学落到实处，就应该在课程设置上有所创新。何劲鹏教授说："国外体育课程设置有很多值得我们借鉴的地方。法国体育课已经列在高考当中（长春中考体育加试），然而，法国的考试重在过程，关注出勤率以及体育课过程中的表现与竞赛成绩。我们的应试教育重在结果，在中国应试教育体制下，体育加试只会增加学生的负担，与健康关系不大，因为许多孩子就是为了得分而不是为了锻炼身体，考试设计者最初的愿望是好的。在自主招生中原来是有体质测试的，北大清华都取消了，因为考试标准都不一样。俄罗斯在过去的体育考核中分等级制度，体育检测规定在哪个等级上视为合格，俄罗斯对本国中小学体育教学的投资是比较高的。"其实，我们国家投入也不小。从1953年制定《中国学校体育教学大纲》初始，经历的轰轰烈烈的改革有九次。为什么有这样频繁的改革？我们现在的体育加试，还是你考什么我练什么，检测标准也不统一。还有考完了也就不练了，没有形成终身锻炼的意识，这样的考试不会对体质和健康有大的作用。

将体育成绩列入中高考，不是为了减肥，而是为了增强体能素质。但是，学校教育平时都在挖空心思地加强智育训练，体育总是被边缘化了。事实证明，体育运动强的人思维敏捷，工作效率高，当然这样的判断有点儿偏激。人们还有这样的印象就是学体育的人大多"四肢发达，头脑简单"，所以，中国的体育还有一段艰辛的路要走——首要的就是改变观念。

但是，在基础教育中，人在高三时，体育课就是其他文化课的代名词。校长面对高三体育课往往重视程度也不够，就怕因体育课而耽误文化课的学习。这种想法是违背了人的生存论的观点。杨杰教授说："人的生存状态通常表现在竞技场上的自由拼搏、挥洒汗水。高三体育课缺席实质上是对体育教育功能的一种忽视甚至漠视。最简单的道理就是体育运动可以减轻学生的考试压力，情绪释放，体育是最好的担当。因此，体育运动不光是提高人的体能素质，还可以消解人的心里烦忧。"

二、飞翔吧，足球！

在西方社会有一种艺术被称之为"宣泄艺术"，男孩子踢足球就是这种艺术的外化。大脚开过去，不是宣泄是发泄。在现代高速发展的信息社会里，人的心理遭遇前所未有的压力，这是显而易见的，出现了灵魂与肉体的严重剥离。如果让灵魂再一次回归肉体，体育宣泄就是最好的医疗器具。特别是孩子在初二、高二这两个青春期学段，家长更要注意孩子在阳光下的宣泄。让青春期的孩子喜欢上一项体育运动，这是最好的疗治。

有人说，中国拥有那么多人口，就选 11 个人踢球，还踢不出成绩来吗？这当然是句玩笑的话。外行看热闹，没有一定的足球人口，我们的足球人才从何而出？也就是说，我们虽然人口众多，但真正能了解踢球的人，这个比例是相当小的。在我国，如果踢足球就像打乒乓球那样普及，那么，足球就不会是今天这个样子。因此，提高足球运动水平就必须扩大足球人口，应该从少年儿童抓起。

随着《中国足球改革发展总体方案》（2015 年）的发布，我国校园足球事业的发展进入了新时代，标志着我国足球未来发展的走向。这不仅是校园体育文化的需要，更是青少年健康素质的需要。

现在，足球已经进入中小学校园，成了必修课。然而，相关的问题也随之产生，师资力量不足、场地缺乏——在犄角旮旯踢球与在绿茵场上踢球，心情肯定是不一样的。王振山老师说："自 2009 年起，长春市就启动了足球学校这项工程，吉林省计划达到 100 所足球学校。当时，凡加入校园足球行列的学校，都得到了市足协、市体委的高度重视，培训教练员，每年定期划拨资金，用于参加联赛、夏令营、冬令营等活动，极大地调动了全校师生参与足球事业的积极性。"即使教练员不足，场地不足，但孩子们热爱足球的心情未减，小学每天都有足球课。

　　然而，足球教育问题并不是一个简单的体育运动问题，而是牵扯着很复杂的社会问题。比如，师资力量缺乏，是因为师范院校体育系足球专业招生不足，高中学校要鼓励体育考生去报考这样的院校，培养专业的足球教师，而这些足球教师还必须热爱基础教育，他们愿意到中小学去任教。这就需要启动社会机制来共同保障和完善。

　　还有校园的硬件建设——场地。目前，有些学校，课间操的场地都没有，何谈足球场地。教育用地紧缺是教育管理中的一件大事，政府对教育用地应该给予大力地支持，让足球教育在蓝天下办。杨杰教授说："教育部体卫司的规划，要在全国范围内，创办五万所中小学足球传统校。第一期足球教师全国有6000人参加培训，然而，这是远远不够的，还需要地方培训。不一定成为专业水平，技术层面的要求不一定太高，但一定要懂得足球游戏以及足球的文化底蕴。"在这里，我们应该反思，为什么在南美洲或者欧洲的足球水平高？我觉得，不光是有广泛的群众基础，更主要的是对足球文化的理解。足球课早已成为欧洲中小学校的必修课。英国校园足球的一个核心价值理念就是让更多孩子快乐地享受足球。利用快乐足球让孩子在身体、心理、技术和社会交往等几个方面都得到均衡的发展。在巴西，培养职业运动员是用来夺冠的，而校园足球是用来培养善于创造和思考的优秀公民，这就是校园足球的定位。

真正喜欢足球的人，绿茵场上谁夺冠无所谓，关键是享受足球运动的过程。足球盛宴是用来审美的。马斯洛说："精神心理达到的满足是最高层次的满足。"要培养孩子快乐足球的兴趣，在课堂上，在放学后，在国民潜移默化的熏染中。

在中国，总有家长拿踢足球说事，认为孩子一踢球就不好好看书学习，有玩物丧志之嫌。可见文化课对家长的压力以及社会对踢足球的偏见。况且，以往中小学的足球课往往是名不副实的，就是说，足球课虽然有，但通常被一些所谓的主科挤占。也许小学的足球课堂还好一些，到了中学"那简直是一定的"——足球课几近于无，特别是在初、高三毕业年级。别说足球课，就是体育课都会被挤占。

在欧美，足球的发达，主要因素是让具有天赋的孩子更加喜欢以至于走向职业化。他们先要选拔运动队，在学校各个级别上都有运动队，这是带动校园足球发展的最好办法。王振山老师说："通过一些组队、运动比赛或者游戏活动，主要是增加孩子们合作、交往能力，集体荣誉感也在其中。"

但是，选拔了运动队，几十人的规模，天天加强训练，会不会影响学习成绩，这是家长们要关心的问题。杨杰教授说："在《青少年校园足球发展规划》中提到，两万所中小学足球传统校，100所教育部直属高校，包括全国范围内的100所高水平运动队，将来的出路是什么？2015年清华大学招足球特长生，目的就是要与这两万所中小学衔接，解决了各个小学、中学、大学的运动队'升学怎么办'的问题。2015年，清华大学招收足球专业新生 12 人，升学的前景乐观。"然而，关于校园足球的开展与考核，还不能简单地与体育课画等号，有些学校甚至把体育课开成了足球课，或者把其他球类课都停止了，这也是极不正常的现象。校园足球最好以校队形式，代表学校参加各种比赛来带动校园足球的建设和发展，同时对营造校园体育文化有推动意义。

足球作为学校课程的必修课，是把足球运动作为课堂主渠道传播的。然而，杨杰教授说："足球教材必须改，一定要把足球游戏化。"是的，可以想象，孩子反复训练一个动作势必枯燥，如果组成足球社团，踢比赛，确定踢哪个位置，同样也可以提高技术训练。欧洲的中小学校训练孩子踢球，10 岁之前孩子自由踢，没有限制。关键在于学校教师或者家长负责组织，经常开展活动，而不是关起门来做题。

对此，作为学校、家长都要转变足球观念，踢足球不一定影响孩子文化课的学习。国际足联前主席布拉特说："你喜欢足球，你就踢足球。"而能真正成为专业足球运动员毕竟是少数，关键是要通过足球这项活动，提高身体素质，开发智慧，丰富想象力，成为身体和智慧并重的合格公民。因此，形成校园足球文化氛围很重要。因为文化氛围是一种潜在的，润物细无声的存在。一座城市，总是洋溢着足球气息，我认为这才是足球发展的潜在因素。

吉林省延吉市有个建工小学，是一所朝鲜族学校。30 多年来，一直传承足球特色，被誉为足球特色学校。学校推行"阳光体育，快乐足球"教育。有足球荣誉墙，有师生足球操，有每天下午20分钟的足球大课间活动。学校对足球运动的普及、提高起到了很大的推动作用，在国内各项比赛中都取得了骄人的成绩。李顺福老师说："凝练校园足球文化，打造学校体育特色，这是我们办学的一贯做法。"学校每年上半年都要举行校长杯足球赛，评选最佳阵容、最佳教练员、最佳守门员、最佳运动员奖。还有市长杯、州长杯的足球比赛，建工小学一般都会拿到小学组冠军。

从1981年起，建工学校就开展足球运动，历时30多年。校园足球主要体现"三进措施"：进课程、进课堂、进教材。学校有自编的校园足球教材两套，分为低年段和高年段，每周的体育课至少要上一节校园足球课，还有每天的阳光体育大课间活动，下午主要是足球为主，跳5分钟的足球操。从课程到课堂到课业，全面推广校园足球运动。学校有国家标准的小足球场（60米×90米）。体育组有6名体育教师，其中5名是足球专业运动员，2名已经是国家一级足球裁判员，2名是全国校园足球优秀教练员，师资力量过硬。

这些优越的条件与州政府的大力支持是分不开的。李顺福说："我们州市教育局、足协、体校、文体局，对我们学校开展校园足球运动给予了一个又一个的支持。在政策倾斜上、经费划拨上，学校都得到了政府领导的关注，提供了许多发展平台。在教练员培训上，上级部门非常重视，开展专职培训、外出学习等活动。在学校队员的选拔上，先从校长杯足球赛看苗子，学校校队是从三年级开始的，但是代表校队出征基本上都是五六年级的大孩子。如果有年龄段的比赛，就按年龄走，有参赛资格要求。"

在校园里，你会发现学生特别喜欢足球。每个清晨，阳光照在上学的孩子身上，他们多数同学腋下都夹着一个足球。课间十分钟，就会从教室鱼贯而出到操场去踢球。几乎学生到校后一整天都离不开足球，可见，足球成为学生生命当中的一部分，无论是男孩儿或是女孩儿。甚至有些女孩儿踢球的兴趣比男孩儿还高。学校女足有友谊赛、联赛和趣味赛。李顺福老师说："我们拿足球文化来打造校园文化。"

校园足球队有日训和集训两种，日训是每天第八节开始训练，主要是训练技术和体能。有专业的教练员陪伴，颠球、头球、跑圈、折返跑、环绕移步等训练。集训是在暑假和寒假。暑假在校园，寒假在广西北海的青少年训练基地。即使低年龄段的孩子也要去北海接受集训。集训的好处就是增进彼此了解，加强感情交流，利于集团作战。在集训的过程中，还要加强文化课的集中学习。如果孩子出现偏科现象，就要停止训练，补齐文化课。文化课的学习每天到第七节。实践证明，在小学，足球队员的强化训练影响文化知识的吸收与积累的说法是存在偏见的。这样家长也就放心了，大胆支持孩子的足球训练。有些孩子，不但足球的技能水平高，而且文化课成绩也高，在其他方面也得到了全面发展。在学校的高年段就有这样的学生，教练们戏称"学霸足球队"。如果说孩子能够快乐踢球，快乐运动，实际上体育可以促进智育的发展。

足球比赛，让建工小学的孩子们不仅学习到了勇敢拼搏的精神，也积淀了合作、公正与诚信的心理品质。静下心来想想，其实许多做人的道理也在足球当中。所以，校园足球，在某种意义上，也不一定就是为了培养职业选手，开展校园足球活动，更主要的是通过足球育人，培养孩子健康阳光、自信向上的品质。

三、"文明其精神，野蛮其体魄"

1950 年 6 月，毛泽东写给时任教育部长马叙伦的一封信，信中指出各校需注意"健康第一、学习第二"。而我们现在把毛泽东当年对教育的指导性意见弄反了，变成"学习第一、健康第二"了。更有甚者是把健康排在了最后，有人拿健康做代价来换取名誉和地位，得不偿失。杨杰教授说："我是体育人，什么是素质教育？我并不想把体育赋予更多的责任，但是我强调的第一点就是身体素质。身体素质就应该回归当年毛泽东提出的第一位置——'文明其精神，野蛮其体魄'。"

人们总是想不到，如果前面的"1"倒下了，后面再增加多少个"0"又有何用呢？健康是第一位的。包括我们平时的体育运动或者各类比赛，首先弘扬的是体育精神，让体育精神迁移到工作学习的其他社会领域，以此增加生活质量。

美国高校的录取，招办首先要考查的就是身体素质。运动项目与奖学金等都是优先录取的。也就是说，运动项目突出，录取的机会要远远超过唱歌和画画。因为体育对智育的促进是不可或缺的必备条件。在体育上下功夫，人生会取得事半功倍的效果。

总之，人生总要有一项体育运动是自己喜欢的，游泳、滑冰、登山、越野，以及我们今天重点探讨的足球。体育运动不但健身，而且益智，"体育运动"最终是归于大众对"体育精神"的追求，而不是"名次的表演"。所以，请家长放心，加强体育运动不会影响孩子的学习成绩。荷兰国脚克鲁伊夫说："足球是一项智力游戏，踢球要用脑子去踢。"北师大也有一项"足球对于少年儿童集中注意力能力和注意分配能力"的研究，说明足球是益智的重要手段。然而，足球毕竟是一项相对野蛮的体育运动，校园足球一定要注意学生的安全。

2015 年，国务院发布《中国足球改革发展总体方案》，体现了国家对校园足球事业发展的重视，标志着我国足球未来的发展趋势。

祝愿中国足球早日冲出亚洲，走向世界。

"互联网＋教育"为学习革命提供新范式

题记：教师个人的范例，对于青年人的心灵，是任何东西都不可能代替的最有用的阳光。

——乌申斯基

乔布斯生前就曾经有过这样的遗憾：计算机几乎改变了所有的领域，但是对学校教育的影响特别小，甚至小到令人感到惊讶。乔布斯的遗憾说明传统教育改变的难度，有时"刀枪不入"；即使改变也是微小的、局部的，这是教育自身的特点决定的。另一方面说明了乔布斯当时只看到了这个问题的局限性。在世界格局一体化的今天，"互联网＋"的冲击是瞬息万变的，若乔布斯能看到今天的"互联网＋教育"的现实，他可能就会重新审视当下互联网对教育的影响。现实生活表明，"互联网＋教育"为学习革命提供了新的范式。

一

在美国，以 MOOC（慕课）视频为主要传播手段的萨尔曼·可汗学院，曾一度风靡全球，现在的影响力仍经久不衰，萨尔曼·可汗已被誉为数学教父。这是"互联网＋教育"为学习革命提供的典型范例。

在中国，互联网上的课程，无论是基础教育还是高等教育，都大量地开设了慕课课程。据统计，有的课程有时在线率都上百万。另外，在社会上各种培训机构也在如火如荼地进行，各种风投也花巨资到互"联网＋教育"之中。

然而，乔布斯所看到的是"教"和"学"的互动问题，还不是教育本身的功能。计算机技术永远是辅助的，教师和学生永远是课堂的主体，师生之间的思想交流、学习交流、经验交流以及沟通方式和效果，都是互联网技术永远要追求的目标，因为人的脑科学研究才刚刚开始。付坤老师说："教育还是需要面对面的交流，但是互联网的教育和计算机的教育作为一个辅助手段，在现代教育的层面上也是必须得存在的。"

乔布斯这句话，还有另外一层含义就是，学校教育也可以把计算机拒之门外，学校教育也能够照常进行。孔子教育弟子三千，出七十二贤人，儒家思想对推动社会进步产生了重大作用。但是，从今而论，在没有计算机的时代，孔子教育的局限，实际上是一种贵族化、精英教育，还不是平民化、大众化教育。如果借助融媒体的传播，那么，儒家思想的影响力会更大、更广泛。但无论如何，现在的教与学，离开了计算机，离开了互联网，课堂需求、社会需求等都会受到冲击和影响。因此，教育现代化需要与科技相伴随。实际上，互联网技术有很多优点——学校教育的升级换代与新教育革命的产生等，引入互联网技术恰恰能够解决教与学的问题。各种各样的课程软件，包括三维课件突破了以往"教"的困惑。互联网使"学"有了课堂翻转，留给"学"以广阔的空间。学生在课外掌握了课堂要讨论的内容，而真正的课堂上就是师生、生生的深度交流与互动。以往的课堂是对知识的强化性的掌握，而翻转课堂则是理解知识的真谛。

因此，互联网进入教育是教育未来发展的必然规律和趋势。互联网实现了信息共享，提高了"教"的效率，是其他辅助教学手段所不能替代的。一个深奥的难解难讲的命题，通过一个动画制作，学生就会了然于心。技术是推动教育发展的真正力量。

二

"互联网＋教育"，可以分解为互"联网＋课程""互联网＋教学""互联网＋学习"以及"互联网＋评价"等四个方面。李文祥教授说："'互联网＋课程'是指传统的课程在互联网技术条件下——互联网媒介、3D 技术、APP 软件，把传统的课程变得更贴近生活、贴近人性，更加艺术化。'互联网＋教学'是指通过互联网上的各种各样的教学软件来完成教学内容，或者使教学内容更加艺术化。'互联网＋学习'是指学生学习的主动性，互联网展示的是一个与传统教育不一样的世界。学生可以找到诸多兴奋点进行学习，通过互动的功能，在虚拟环境下这种互动会变得更全面，学生可以评价教师讲课，甚至对教师的讲课提出补充。学生之间也可以互动，表达获取知识的接受程度。还可以给教师点赞，给同学点赞，认同教与学，这就是'互联网＋评价'。"

然而，课程的设置和教学的过程、学生评价机制的建立，主渠道还是由学校来做。现在市场上有很多形式的"互联网＋"，但是真正从操作上看还得从主渠道获得。因为教学内容往往是约定俗成的。例如，小学五年级的数学上册，几个单元的内容，都是有规定的。如何通过网络来实现对接，就像晚饭吃包子已经确定了，但是包子什么馅，怎么做，用什么锅，蒸多长时间，这是重点和难点。假如，我是一名初二的学生，想利用"互联网＋教育"进行学习，容易做的就是点开视频，通过注册上网学习。有可能在视频上见不到教师，只见到教师的一只手和听到留给大家的画外音。但是，视频可以反复使用。在这个意义上，一个最好的视频可以淘汰其他视频。慕课、"互联网＋教育"就是这方面的典型体现。有人预测慕课大规模推行后，全世界只需要三百所大学就够了，剩下的大学就可以做各个辅导站和辅导班了，几十万名大学教授可以辅导员的身份光荣就业。那么，全世界是不是办一所大学就够了？实际上不是这么回事。同一个专业的课程体系中的领军人物上慕课，也只是一个视角。学术存在多个视角，同一个老师在讲同一门课，可能前后的观点都会有所不同。学生在教师那里获取的信息也会不一样，面对导师授课，"一千个读者有一千个哈姆雷特""一树梅花万首诗"，尤其是人文学科。

当然，在信息整合的过程中，不足也是在逐渐弥补的。牛顿力学三定律，N 个老师有 N 种讲法，就是开头切入点可能会不一样。在"互联网＋教育"平台上，优秀资源也需要客观的历史评价，不是简单定位的。在这里，"互联网＋教育"和传统课堂教育的区别在于，"互联网＋教育"是一个技术手段，是辅助教学的，是永远代替不了传统的课堂教学模式——学习心理、学习动机、学习需要、学习目的以及学习能力、记忆能力、分析能力、理解能力、应用能力、总结能力等。夸美纽斯建立课堂授课制，这已经是将近四百多年的历史了。存在的原因是解决了学习过程中存在的诸多问题。而"互联网＋评价"里面，功能实在是太小了。对于个体而言，班级同学之间都是不一样的，并不是一个模子刻出来的，因此，"互联网＋教育"对课堂教学来说，有批量生产的意思，实际上教育还是要因材施教的，教育最终目的是使人成长。

对于信息来说，"互联网＋"提高了教学效率，整合了有效信息，全面提高和推进了现代教育的发展进程，但是，思维的跟进是"互联网＋教育"应该面对的难解的问题。思维推进是需要老师来指点的，互联网目前还做不到，更谈不上教育过程中的人性发展。教育教学最终目的不是让学生掌握信息量，而是通过掌握信息、处理信息，学生的能力提高了，人格健全了。

然而，当下的教育功利性比较强，这主要体现在中高考上，能够拿出高分来，也就是说，初中要考一个好高中，高中要考一个好大学。因此，有人说，得高分上好高中、得高分上好大学是硬道理。无论是人工课堂还是"互联网＋课堂",哪个成绩提高最快,哪个就是硬道理。至于说能力提高以及人格培养,以后再说,反正那也不是一蹴而就的事。对此,李文祥教授说:"'互联网＋教育'大多是一些音频、视频的推送,而更大的优点是大数据的统计和计算。假设把大数据统计和计算应用到中小学的学习成绩培训,就知识点掌握上看,它会产生巨大的效率,也是极大地减负。"

通过大数据的方式检测学习者个体存在的毛病是件轻松的事。假如,一个高一学生想通过大数据检测在学习过程中存在的问题,就像医生看病那样,分条列项检查。数学的毛病、英语的毛病、语文的毛病等。这个需要三个学科的老师参与,才能有具体的结果,但是,对于"互联网＋教育"而言,就是个极简单的事。传统教育中一个再优秀的教师也无法全面掌握全班同学的学习盲点。然而,通过"互联网＋教育"的大数据处理,这就是一件很轻松的事。这个检测既可以是共时性的,也可以是历时性的——个人的学习坐标清楚明白地呈现出来。也可以把同学检测到的成绩形成一个个人档案,以便在今后的学校教育中更好地掌握学习主体的学习效果,实施更有效的教育救助。相信"互联网＋教育"会有这样的未来。

"互联网＋技术"的出现,给教育领域带来的变革是显而易见的。"互联网＋教育"实际上无法否定传统的教育规律,在这个意义上看未来,我们整个社会将会为"互联网＋教育"提供一套新技术下的同时尊重教育规律的一套制度和设置体系。"互联网＋教育"不会取消课堂,不是说在计算机终端就可以不上课了，那么这个课堂将不会是原来那样——教师讲课、学生听课。而是变成一种教师和学生以及学生和学生之间互动的课堂，教师的角色和能力的要求也会产生变化。传统教师的能力设置体系与"互联网＋教育"下对教师的要求会增加。整个"互联网＋"技术成熟以后，不是伤害了传统教育。而是改变了传统教育，为整个教育系统增加了负担，比如说，传统课堂的教师可能是个演讲者，但是在"互联网＋教育"意义上的教师可能是个主持人。教师不仅具备演讲能力，还能沟通交流，在超时空下的知识和背景都能有效地进行整合互动，激发学生潜力，提升理解知识的能力、兴趣。

因此，作为一种教学、教育技术、教育方法的辅助手段，"互联网＋教育"在现代课堂是必不可少的。叶圣陶《景泰蓝的制作》这篇文章，光靠教师讲还不能让学生全面理解景泰蓝的制作过程，学生又不能亲自到现场去看，但是我们通过互联网技术就可以清楚地了解景泰蓝的制作过程。观看流水线上的记录，学生马上就会理解掐丝、打磨等工序了，这样繁杂的生产工艺，学生在课堂上会轻松地得以理解。

三

在课堂教学还使用幻灯机的时代，几乎没有人会想到今天的现代教育技术——互联网走进课堂。伴随着"老三室"（计算机室、语音室、听力室）走出教学视野，录音机、电视机等电化设备也离开了教学舞台。通过大屏幕、投影仪等软件平台，把原来静态的教学变成动态的画面，实现了示范性教育原则，那个时代在教学上习惯称之为"课件时代"。在互联网普及之后，人们开始思考，依据互联网的平台，计算机能为我们的课堂教学提供哪些优质的服务或者资源呢？从教学模式的变革上，由原来的计算机辅助教学，慢慢地发展成以多媒体为主的课堂教学，这是信息技术的教学时代。于是，新的课堂教学模式基于互联网平台首先在美国上演。然后，慕课、翻转课堂等模式，在中国开始走俏。近年来，慕课与翻转课堂，在中小学各种教学比赛中大显用武之地。如果没有翻转课堂模式，似乎就不是在进行教改，而这种翻转课堂教学的设计与传统的课堂教学模式正好相反。

传统课堂被解构，变成广谱的开放课堂，学生随时随地都可以进行学科学习，大大增强了学习的时效性。借助于现代教育技术通过互联网平台而崛起的慕课与翻转课堂，都对传统课堂教学产生了重大影响，甚至是颠覆性的冲击。传统课堂就是老师在台上讲、学生在台下听，老师布置作业、学生完成作业，下一堂课还是如此。重复使学生的学习了无生趣。提倡翻转课堂是要求老师事先准备好教学内容，包括音频、视频等，然后传给学生，学生可以通过手机 APP，或者家庭电脑互联网，师生共享一个信息平台，了解课堂教学的基本内容，然后再通过其他方式搜集资料，形成初步认知的过程，完成自己对新知识的学习。而真正的课堂，主要任务是讨论，巩固已有知识，探索新问题，师生相互交流，本着"自主、合作、探究"的思想，获得新知识、新途径与新方法。可见，互联网教学对传统课堂教学模式是一个严峻的挑战。

　　未来的课堂是信息技术基于互联网而进行的获取知识的课堂。现代教育技术，就是将现代的学习理论、技术理论、心理学理论、教育学理论等最新研究成果，转化为能够被基层一线教师，或者广大学生进行实际操作的教学手段。这首先要有目标体系，就是教育信息技术到底能带给我们怎样的愿景。其次是更新观念，指导教师要有新视野，不能再寻旧路，要基于信息技术有效推行教学模式的合理性，更要注重操作性，不搞空泛的概念分析，不建空中楼阁。在实践过程中，教师通过课题研究，再总结经验，获得成功案例，适时推广给学生。

　　吉林省延边二中的教学案例，就是一个关注教育信息技术与高中各学科全面整合的典型，即"双互动、四统一"的教学模式，在吉林省教育界产生了广泛的影响。所谓"双互动"是指师生之间，或者域外的传授者和接受者之间的显性与隐性的互动。显性互动就是能看得见摸得着的，课堂可以直接交流的活动。隐性互动是通过预设的练习、作业和学生之间的交流，也可能不是发生在课堂上，可以通过媒介交流，比如老师写的形成性评价，学生写的研究性反馈等。所谓"四统一"就是要强化与学习有关的有效性，强调课堂空间的延展性，不只停留在教室学习，而是延展到图书馆甚至家庭去学习。当一个学生在某一学科面对某一问题，上网查询，面对海量信息，应该怎么选择？这就是要提到显性的互动。在课后，学生与社会构成的资源也要充分地利用起来，形成新的教学范式。

　　在使用现代教学技术过程中，教师要加强个人功底的铺垫，提升个人能力。与传统课堂教学相比，多媒体课堂活跃，学生跳跃空间大，这样就给任课教师增加了教学的压力。因此，在追求新模式教学中，还要经历传统课堂的打磨锤炼与深度整合。

现代教育技术课堂，一定要加强反思，在教学实践过程中，学生收获了什么？不能"云山雾罩"一堂课而学生无所得。通过实际教学与调研，学生都能充分感受到基于信息技术平台下，现代教育技术和传统课堂有机结合的教学模式，深深地体会到学习不是被动的，学习应该成为学习者的主观愿望，这样，学习主体的主观能动作用才能发挥得更好。不足之处就是还会留有传统教学的影子，学生学习之前，教师的教还没有完全地摆脱，学生对教师还会产生依赖，这说明翻转得不彻底。但通过这样的教学活动让大多数的学生知道学习的主体是自己。学习是一种主动行为。徐忠炜老师说："翻转课堂就是预先让学生搜集背景资料。比如牛顿第一定律，背景资料收集后，学生在课前就会有激烈地讨论——笛卡尔的论述与牛顿的论述，表面上文字没有任何差别，为什么当时不叫笛卡尔定律？所以，通过搜集整理背景资料，既能弄清楚知识，也能掌握技能——搜集信息、整合信息的能力。还有关于惯性问题，利用班级的电子白板，你找几个视频，他找几个视频，这节课就变成了学生自己的主动建构了。但对于知识的延展学习，还不能这样的轻松，作业要具有挑战性。例如，惯性没有物理符号，也没有单位，教材只是说了一句惯性和质量有关，质量越大，惯性越大。我给学生布置的题目就是，惯性质量和引力质量是一个概念吗？这样的问题就会引发学生普遍的思考与探究，激发了学生对自然科学的好奇心以及培养了学生的探索能力。"在教学的过程中，我们经常谈到"预设和生成在学习过程中，哪个效果更好"的问题。一般的学者都会认为自然生成的东西，对学生来讲是最宝贵的，在课堂上即时发生的那些事，然后我们一起拿过来做，这个肯定是更好的。但是，在这里，作为教者要不断去考量学习效率和教学效果。徐忠炜老师说："寻找一个平衡点，牛顿第一定律有一套严密的目标体系，虽然我们现在已经变成了三维目标，增加了过程与方法，增加了情感、态度与价值观，与传统目标不一样。但是，我们还要力求做到在 40 分钟内完成规定的教学任务，这当然是很难跨越的窠臼。现代教育技术进入课堂，可能使得教育教学的环节更加简化，完成教学目标会更加快捷，如果没有经过长期专业的训练，第一搜集出来的信息是海量的，如何梳理信息，判断正确的观点；如何去排序；如何呈现，这是考验教师的地方。"另外，要运用好多媒体课堂，这里边可能还有一些硬件的要求，比如说可能要求每个学生都有平板电脑，要求学校有足够的无线网络的覆盖，教师除了精通自己专业知识，还需有熟练的操作计算机的能力，这跟传统的"一张铁嘴、一支粉笔、一块黑板"不一样了。在这个学习的过程当中，学生从自主学习这个角度，个性得到了无限的张扬，教师更需要提高自身的能力、素养。

目前，一个学生获得知识的途径固然很多，但是，与老师的交流还是有重要意义的。在虚拟空间中，一切的发生都值得怀疑，学生的学习最好要经过老师的过滤，与老师面对面地交流便会使知识得到确认。这样，在"互联网 +"的状态下，教师急需知识的更新，但困扰教师的恐怕不仅仅是知识本身，而是影响学生的诸多社会问题。比如学生的学习动机，学生的学习品格的确立以及提升学生的自我认知效能等。这些问题是在获取专业知识外的通识教育，但作为教师，必须要进行全方位的思考，以便对学生学习产生正确的导向。

应该肯定的是，现代教育技术在现代学校教育中发挥着重要作用，但还不能抛却传统教学的精华所在，不然，作为媒介传播的各省市的广播电视大学早就发展起来了。可见，全日制授课模式还是占据主导地位，传统课堂的感同身受是虚拟的网络世界所解决不了的。这样，就需要将二者有机地结合起来。如果让现代教育技术走进课堂必须有一个前提，即教师是先导，硬件是保障。在"互联网＋教育"的模式下，教师要在观念与技术层面先行一步，这样，课堂才有掌控权。硬件要求就是每个学生每人都该备有一个 iPad，或者要有一部智能手机，这样才能与现代教育技术进行有效地对接。当然，这对于贫困家庭的学生来说，是件难事。对此，提倡现代教育技术，政府需要加大投入力度。目前，从全省乃至全国的范围来看，还有许多贫困校，他们还需要更多的物资救助，因此，现代教育技术的全面普及需要经济的保障。

四

实施"互联网＋教育"，以及现代技术教育，目的是改革学生的学习方式，促进教育质量的真正提高。这就需要寻找一个核心载体，把学习方式的变革提到根本的位置、首要的位置。

长春一汽六中的做法就值得研究。张彤老师说："教育是心灵的唤醒。唤醒的四个维度，一是价值观正确，要有明确的判辨是非能力；二是情感丰富；三是思维逻辑优秀；四是身体健康。"在这里，唤醒的目的是学习主体由一元的学习方式向多元的学习方式的转变。这种多元的学习方式，正如美国教育家小威廉姆·E.多尔在《后现代课程观》中所提出的："教育环境当中存在生态位。"也就是说，每一个学习的主体都是一个生态位，都是以自我为中心的。然而，这个自我中心又不是孤立的，而是相互联系、互相依托的，是自组织的状态。这样的状态共同孕育了教育的生态环境，就是人们通常所说的"学习共同体"的建设。

学习共同体的有效载体是班级集体。为了完成既定目标，学习共同体需要密切合作，相互配合，共同努力。但是，学习共同体还有一个特质，就是颠覆性，是对以往学习方式的革命。张彤老师说："起初，我们认为问题式自主学习以及整体学习等可能是学习方式变革的一块沃土，所以叫作问题引领整体学习。"在前面翻转课堂的讨论中，我们提到学序的变化，就是"以学定教""先学后教"，于是产生了"导学案"，这个是学习共同体的落脚点。张彤老师说："人是核心。对于学习习惯不好，或者学习主动性不强的学生来说，形成学组（六人一个小组）就有所作为了。学组强化自主学习，'四学联动'（学习顺序、学习小组、学导和学评），这样复杂的问题就简单化了。然后，再加上老师和家长的介入，学习共同体的样貌就得到了大的改观。"

学习共同体建设不是简单的课堂问题，而是一个孩子整个学习的过程和生活的过程，包括触及社会的团结合作，六个孩子就是六个家庭的凝聚。学习共同体遵循"组间同质，组内一致"的原则，自由组合，或者自愿组合。另外，学习基础的强弱也要搭配开来，还有性格因素也要考虑进去。"致中和"是学习共同体要达成的目标，也就是复杂性理论当中的"自组织"行为。

学习共同体建设使得"老师由前台转到了后台"，学生学习的探索空间一下子开阔起来。在学习的过程中，学组遇到的问题就可以在学组中解决，学组解决不了的问题，再请教老师解决。好处是学生自己先学了，然后带着问题走进课堂，变被动为主动。再有就是学生之间互相答疑解惑——体现"教是最好地学"的理论。

学习共同体建设关键在于互联网的运用，利用微信、QQ等媒介工具来互评学组的学习情况。学习状态不好的学组就需要有老师或者家长的参与。指导、监督是为了共同提高，学习效果得到了保障。而且，学组不但是解决学习问题，还有个人的心理问题。个别学生可能不听从家长和老师的建议，但听从同学的话，这样，学组的作用就更大了。张彤老师说："学组在运行的过程中，实际带来的效果是我们意想不到的。高中课业负担重，老师也有管不过来的时候，这就需要在学得、习得的基础上还要悟得。落实是最好的悟得。学组的办法是'四单一调整'，即基础知识记忆清单、补救反馈单、每周梳理清单和答题技巧单。调整是为了突破瓶颈期，为提高成绩做准备。"

推行学组方式，一汽六中收获了很多学习的经验。学组间彼此监督，互相促进，扫清障碍，共同提高。那么，建立学习共同体，教师的作用是什么呢？在建立学习共同体的教学实践中，教师深深感悟到，要具备信息判断能力、知识整合能力，以及开创学生自主学习空间的能力，要使每一个学习主体在高效课堂上发挥作用。教师要加强自身学养，夯实教学基础，全方位达成育人需求。

在现代学校教育中，学习方式的变革离不开"互联网＋教育"、离不开现代教育技术在课堂教学中的应用。随着社会现代化的步伐的加快，学习方式的革命为传统的课堂教学注入了新的生命力。面对"互联网＋教育"以及现代教育技术效益的最大化，传统课堂既不能坐以待毙，也不能盲目痴迷，每种理论都是在特定时期产生的一种特定的产物。我们只有认真地梳理，实事求是地观察认识、论证实践，才能在大数据时代变革中，实现教育技术的现代化。

总之，"教育的本质是相通的"，学习方式的变革，关键还是要看课堂的教学效率。在有限时间内，学生学习效果好，效率高，那么，其变革就是有价值的。在迎接新高考挑战的今天，变革学习方式还要紧紧围绕如何做好学生的综合素质评价、教学管理如何走班、如何调整学生的"收放心"、如何完善学习共同体建设等方面进行。如果每一位教育工作者都在努力探索高中学习变革的方法，那么，高中教育就有希望。

中小学交通安全以及安全教育

题记：寒霜偏打无根草，事故专找懒惰人。

——学校安全标语

在学校教育中，安全教育是被放在首位的。尽管教育行政部门以及学校的管理者高度重视，但校园暴力、跳楼自杀、餐饮中毒等恶性事件也会频繁发生，安全管理，防不胜防。有人曾直言："只要不死人，啥事都好办。"人命关天，一语道出在学校管理中，安全教育的重要性。

一

校园之外，道路安全教育对于中小学生来说，学校老师总是常常提起，但往往被学生忽视。放学了，闯红灯、翻越隔离护栏，还有马路上踢足球、放风筝等违反交通规则的现象就经常发生，有的学生甚至不认识交通标识，因而酿成惨剧。

这种"中国式过马路"的现象，说明一个问题——在中国，交通最难管的就是行人。对驾驶员可以扣分罚款，严重者也可以暂扣驾驶证等处罚。按理，对于行人也可以按交通法的有关规定执行：行人违反交通法规，罚款20元至200元不等。然而，在执行的过程中，这种处罚就比较困难。薛舒中警官说："我们在路面当中都有发放针对行人和自行车违法行为的专门执法票据，但是具体执行起来，我们的处罚量非常低，多数是以教育为主。若要真正处罚还要相关人员在数据上填写行人的身份证号，必须得要求行人能够提供有效的证件。"因而，使处罚存在难度。

不久前，长春工业大学的一些大学生志愿者主动要求参加文明交通的宣传活动。活动地点在长春工农大路与红旗街交汇处（欧亚商都门前）。大学生陈阳说："我们首先了解了交法的内容，按照有关规定参与交通执法，目的是想体验一下交通管理者的辛苦。在一个小时的体验中，我们最大的感受就是这些行人也太难管了，他们干脆不听我们的指挥——我拉也不是，拽也不是。当交警不容易，这次我们深深理解了。"

行人违反交通规则引发交通事故的案例很多，除了上述的违规行为之外，现在造成交通事故最多的要数走路玩手机了。这里有一个真实的案例。一名高三学生刚下晚自习，过马路玩手机。当时她的母亲在马路对面接她，一辆疾驰的美国别克轿车把这对母子分成了阴阳两界。母亲抱着无法挽回生命的女儿尸体，精神立刻崩溃了，居然大笑起来，人生走上了绝境。李灵警官说："其实，像我们在平时执勤的过程中，看到有行人闯红灯，或者走路看手机，我们都是要做提醒的。但是过马路看手机的人却很少有人理会我们，非但不说谢谢，有时还会斜视我们。"更有趣的一次是，一个路人竟然直接向她走来，质问道："你说什么？我看手机，犯了哪条王法了？"

马路上的教育也只是能起到一个提醒的作用。但是生命是不可重来的。为避免发生交通事故，我们必须提高个人的交通安全意识。更重要的是，一定要充分考虑到自己的不安全行为造成的严重后果，对他人特别是家人造成的伤害。

二

在通常情况下，人眼对于车速的判断是滞后的，以为能够通行，但转眼就来不及了。关键是驾驶员的反应时间短暂，要判断行人的距离与车速，由踩刹车到车安全停住几乎就是几秒钟的时间。几秒钟的时间内，决定一个人的生死，这是一件很恐怖的事，所以一定要按交通指示通行。

交通习惯的养成是潜移默化的，当然受社会环境的影响比较大。在西方，行人遵守交通规则是天经地义的事，没有车也在等红灯的现象比较平常。但是，在中国，我们身边也会遇到一些外国人，起初也是看到红灯不闯。后来，见身边大多数人都不走斑马线、闯红灯的时候，老外也就忘记了交通规则。

李灵警官讲了一个真实的案例。一个男孩子国外留学，处了一个女朋友，就因为过马路而分手了。因为在中国长大的孩子，所受到中国式的过马路教育与国外是不同的。就在红灯行人不应该走的时候他过马路了，于是，这个女朋友提出跟他分手。说他太不遵守交通规则，有潜在的危险系数。不按交规过马路，也就有可能在以后的生活工作过程中，不按法律或公共道德办事，后果很严重。等到这个男孩子学成归来，在中国又处了一个女朋友，还是因为过马路的事分手了。因为有了上次的教训，男孩子想这次我得遵守交通规则了，结果，这时候马路上一辆车都没有，他也坚持不闯红灯。他的女朋友看在眼里，认为这人有点缺心眼。没有车也不走，在中国这叫不知变通。由此可见，交规的浸染有可能改变人的思维方式。

有一项研究表明，九岁之前的儿童对车的速度是不明感的，所以，孩子在没有红绿灯时过马路，就十分危险。还有，天气的变化，路况的原因，孩子在过马路时也要多加小心，因为即使成年人的判断也不一定十分准确，对此，最好还要按照交通法的规定——红灯停，绿灯行，过街走斑马线，才能保证安全。

对此，在学校安全教育中，学校应该开设交通安全的课程，要经常聘请有经验的交通警官到学校普及道路安全知识。耿玉苗老师说："学校特别重视交通安全这一块，也经常开展这方面的活动，组建小小交警队，学习手势操。在校园里模拟交通环境，然后，小交警穿上制服上岗执勤。这对灌输孩子的道路交通安全意识非常有意义。"

一般而言，警官到校宣传交规，可根据授课对象的不同而采取不同的方式方法。对小学生而言，要结合一些动画片来宣传交通规则，或者制作一些有趣的图片，包括游戏互动等，以更能让孩子接受的方式、充分理解的方式进行。对中学生来说，主要针对法律法规进行重点讲解，交通肇事同样是要触犯法律的。

宣传道路交通法规是交通警官的责任和义务。薛舒中警官说："在走向社会各个单位，各个阶层时，我们有'五进'的说法，就是进学校，进企业，进社区，进农村，进基层。针对各个社会的不同群体，广泛宣传交通法规，宣传文明交通理念。我们成立了交通安全宣警团，对专业驾驶人、对中小学生、对农民、对不同群体的不同需求进行宣讲。"还有，"对于中小学生来说，马路上有很多很难识别的交通标志线，老师要通过动画演示的方式，告诉学生。交通标志线大概可分为三类，禁行标志、指示标志、警告标志等。"识别标识线有助于提高交通安全。

三

交通安全工作需要全社会的齐抓共管——政府参与，学校主管部门参与，交警部门参与，这样就会收到明显的效果。在警民共建中，学校要充分考虑社会化力量——有钱出钱，有人出人。在交通教学软件的制作上，像北京就有自己的特点，江苏的交通科学研究所也有一些特色教具，都可以成为理论学习的模板。孩子们也可以通过自制漫画进行自我宣传，建立一个交通文化走廊，画出自己心目中的理想的交通——交互式的立体桥，天上飞，地上跑，河面游的。教育的效果都很好。在学校里，针对低年级的孩子要多想办法设置一些体验课程，对高年级学段的孩子把知识性和趣味性融合进去，这种形式的宣传也不一定非得要投入很大物力和财力，但效果很好。

现在，交警队在实施一校一警制度，但有的学校接受，有的学校不接受。因此还要端正安全意识，责任落实到位。教育厅、公安厅等部门也曾多次联合发文，针对中小学生交通安全问题，推行一校一警制度，明确提出——如何进行中小学生交通安全教育？以什么方式进行？采取什么办法？等等。但是很多中小学校对于道路安全教育重视还不够，一旦出现问题，后果就严重了。交通法规永远都是规定，关键是怎样"扑下身子，狠抓落实"。怎样落实与执行交通法规？那就是要有严格的奖惩制度，以防止规定成为一纸空文。

文明是惩罚出来的。

随着社会的发展与进步，国民经济水平的不断提高，人们的公共道德素质也在提高。比如乘公交车排队等候，私家车不走公交线等。一个城市的文明程度，需要社会力量的不断提升与整合。薛舒中警官说："现在道路上行驶的车辆，相互礼让在逐渐增多，我从警20多年，见证了这座城市的交通文明。以前，在道路的交叉口互相争抢的时候多，现在少了。在马路上，车流量大的时候，司机都会主动停下来，伸出手臂示意让对方先行。见到这些，作为一名警官，我都会看在眼里，喜在心头。"

交通是一座城市的命脉。为了使城市文明有序进行，人人都要遵守交通规则。在这里，要特别提醒的是，在寒暑假，中小学生乘坐车辆时，要擦亮眼睛，杜绝乘坐黑车、超员车辆。还有极个别的违法驾驶人，可能躲避行管部门的监管，在城市与城市之间倒短，挣黑心钱。跑线儿车、拼车，还有一些不法驾驶人驾驶的大客车，可能在出站台后，还继续拉客造成超员。因不在交警的监管范围内，可能采用拽拉，甚至哄骗的形式拉客买票。这种情况下，我们应该拿出法律武器，维护自己的权益。

另外，在安全教育方面，最近，教育部、最高人民检察院、公安部等五部门联合发布的《关于完善安全事故处理机制 维护学校教育教学秩序的意见》，针对少数人"以闹取利"和一些地方无原则"花钱买平安"的状况，《意见》强调，在责任明确前，学校不得赔钱息事，并且规定以下8类"校闹"违法行为：殴打他人、故意伤害他人或者故意损毁公私财物的；侵占、毁损学校房屋、设施设备的；在学校设置障碍、贴报喷字、拉挂横幅、燃放鞭炮、播放哀乐、摆放花圈、泼洒污物、断水断电、堵塞大门、围堵办公场所和道路的；在学校等公共场所停放尸体的；以不准离开工作场所等方式非法限制学校教职工、学生人身自由的；跟踪、纠缠学校相关负责人，侮辱、恐吓教职工、学生的；携带易燃易爆危险物品和管制器具进入学校的；其他扰乱学校教育教学秩序或侵害他人人身财产权益的行为。

总之，教育要完成的一个重要使命是安全教育。包括去掉人内心的恐惧，无论大人还是孩子，没有恐惧的人生才是快乐的人生。希望中小学生能够利用自己的业余时间，多多了解交通安全方面的知识，为自己的安全出行奠定基础，既造福自己，也造福他人。

基础教育中的教师科研与进修

题记：现在的基础教育，80%以上的教师不合格。

——钟启泉

基础教育中的教师科研，往往是被弱化了，甚至被阉割了。作为学校而言，本来教学与科研应该是两条腿走路，但是，造成基础教育小儿麻痹的现象，全在中高考。

一般而言，中小学教师能够结合自己的教育教学实际，用先进的教育理念与科学的教育方法解决学校工作中存在的问题，形成经验性成果，从而推动学校的建设与发展，这就是所谓的教师科研。刘金昌老师说："既然是科研，就应该有别于教学；既然来自教学，就应该是对教学的反思或者总结。"因此，教师科研更多的是要具有反思性和总结性，但更要具有前瞻性和创新性。

基础教育中的教师科研，从科研的对象来看，主要是学生和教师；从科研的内容来看，主要包括课程和管理等。范围还是比较广泛的，可以进行宏观研究也可以进行微观探索，大到学校规划设计，小到学科字词考究与试题解析。张延华老师说："教育科研是有标志性成果的。这与教师一般性的论文写作有所不同。教师科研是研究普遍性的问题、共性的问题，诸如学科的主体间性、教学实施的方式方法，以及教育评价等。但不是所有的问题都能直接生成课题。课题的价值是经过反复提炼论证而得出的，是实际教育教学中的带有普遍性和紧迫性的问题，最后才可能生成课题。"

——

教师科研要源于实践、立足实践、与实践相结合，最后服务于学校的建设与发展。因此，在学校管理中，管理者不能低估科研的力量，即使是在中小学。教师科研能够促进教师教育教学水平的提高，带动学校的全面发展。但就目前中小学的科研状况来看，基础教育当中的教师科研发展是极不均衡的。不仅表现在城乡的差别，而且同城中所谓"重点中学"与"普通中学"也有差别。造成这种现状的原因是多方面的，但主要原因还是师资力量不均衡。现在有很多优秀的毕业生因为编制问题已经充实到薄弱校当中来，他们的加入对薄弱校的教师科研会有一定的促进作用。这是一种新生力量，应该保护。但是基础教育中的教师科研应立足于教育教学实践，年轻教师还要在保证常规教学正常运行的情况下，从事教育科研。也就是说，"学有余力"者，教育科研才有根基。

在基础教育中,教育行政部门一直倡导科研兴校、科研兴教、科研兴师等口号,但这所谓的"第一生产力"在应试教育的背景下受到了多方面的制约。教师的科研基础、科研环境以及科研意识,都受到了严峻的挑战。而农村学校的科研工作就更是无法提及了。在城市学校的科研工作中,教师科研队伍也不乏高学历者在,硕士、博士等。这样的教师队伍从事教育教学研究就容易出成果。与农村学校相比,教育资源发展存在严重的不均衡。好在基础教育当中,教师科研是起辅助作用的,不同于高校。基础教育的科研必须要在完成本职教育教学工作的基础上,才能够进行教育教学研究。

科研对教学有反作用。通过研究,不但能够积累个人的教育教学素养,而且还能够提升专业发展水平。渐渐地,教师进入一种比较自如的科研状态,这是终身受用的技能。

科研是个慢功夫,不是一蹴而就的事情,需要经过细细地打磨,才能见成果。然而,在基础教育中,有些老师不太愿意搞科研,认为科研是一种负担,原因还是缺乏科研基础和科研实力。还有就是中高考的压力过大,也会使得老师的搞科研的势头减弱。这也是一个客观事实,老师每天备课、上课、批作业、上成绩、作业讲评等都会占去许多时间,科研的时间就所剩无几了。还有在学校追求升学率的情况下,搞科研不如做题来得更实在。也就是说,基础教育中,教师科研薄弱,很大程度上跟教师评价体系有关。现在个别学校对于教师评价是单一的,往往只按照高考升学率来评价。高考升学率高,就可以"一俊遮百丑"了。至于科研上的诸事,就都不重要了。正常来讲,一个老师教学和科研是双向的，学校既要重视教学也要重视科研，所谓科研名师，往往出于教学。

再有科研成果被弱化与边缘化。有的学校教师晋级评优已经不关注教师的科研状况。所谓正高级评选，在教师科研方面有一篇核心文章就算合格了。教师科研缺乏动力，要发表一篇论文，非但没有稿费还要花版面费，并且价格不菲。关键是现在中小学搞科研是没有经费投入的，申报课题也没有经费支持。

虽然有人认为搞科研本身的着眼点不应放在利益收入这一块，应该以提高个人的教育教学质量为先，但这种说法在知识经济时代，很难取得价值认同。尽管教师这个职业所追求的与其他的行业（商业）有所不同，但教师也要满足个人的生活所需，或者社会价值追求。在这一点上，还不能够"特殊对待"与"特殊理解"，因为教师首先是作为自然人存在的。

二

网上有一种说法，认为基础教育中的教师科研是一种伪科研。这首先涉及的一个问题是，科研名师是如何评选出来的？比如在有些教师的简历中，国家级科研名师、省级科研名师、市级科研名师的头号很多，可是科研成果却少得可怜。这种科研型名师又如何让同行能够认可和接受呢？因此，科研名师之"名"应该"名副其实"，不能是"盛名之下，其实难副"。

还有科研型名校长。而大多数科研型名校长是在名校当校长以后，才成为科研型的。至于成果就另当别论了，更别说科研名成果了，几近于无。一个科研型名校长、名师，配套的至少应有相应地名成果。没有名成果，那又是如何评得的呢？所谓的科研成果，大多是主编的练习册或者也就是连知网都不能收录的几篇教案式的文章，发某些刊物还需要版面费。然后就成了科研名师了，这是不是一种讽刺？在基础教育当中，能评选上科研型名校长、科研型名师的往往是学校的上层，占据主流地位。

这不是真正的教师科研。一个学校如果真正形成了科研氛围，那么生活在这样的群体之中的教师，不搞科研，会有一种空虚感或者孤独感。如果大家都对科研感兴趣，那么共同的话语也会增多。老教师要对年轻教师起到传帮带的作用，关注科研，关注学科建设的前沿问题，相互促进，教学相长。要形成机制，不是短期效应。首先学校要有科研风气，学校要有正确的科研舆论导向。虽然存在个体差异，但努力向着科研之路发展，就一定会有收获。

然而，在基础教育中，很多教师根本就没有科研项目，但因为亲戚朋友有项目，也就填了个名，于是也就成了科研队伍里的成员了。另外，有的单位为了证明自己是科研学校，到处寻找课题，为获得个证书，最后交钱买课题。试想，这种科研成果到底有多大价值呢？钱花了，时间和精力也搭了，但几乎没有什么效果，对教师科研能力的培养也几乎没有多大益处，况且是与科研的本质背道而驰的。

像这种得不偿失的事，应该加强规范。这首先要引起教育主管部门反思的是，我们为什么要搞科研？为什么要在科研上投入经费？最终让科研产生怎样的效果？所以要加强管理，尤其是规范管理。如果在管理上放任自流，或者教师为了晋级评优而走一些捷径门路，靠投机取巧弄到课题资质，那就是对人对己的不负责任。因此，要加强对科研的规范管理，防止走人情。申请立项的课题，要确定成员，要有任务划分，要在学校民主监督的状态下进行，课题成员不能说加谁就加谁，要对上一级主管部门负责，更主要的是对自己的科研成果负责。

实际上，在基础教育中，科研课题不一定是什么重大科研项目，教师也没有这个科研能力。只要是解决了学校在办学过程中急需解决的问题，就是有价值的科研课题。关键是在研究的过程中，教师要形成科研意识。从选题立项到整个研究过程，包括最后的成果呈现与发表，科研工作越细致对学校的发展就会越有力。在这期间，校长要以身作则，带动引领教师，规范扎实地搞科研，为学校的整体发展服务。学校的科研氛围浓了，真实了，教师就会在一种自发的状态下，自觉地向科研靠近，学校的科研水平就会有所提升。

教育是一个整体，每个教师在自己的教学岗位上发挥自己的聪明才智的同时，在科研领域也要努力提升自己。这样，学校就有必要通过政策调整或者机制建设来鼓励新老教师共同投入到教育科研的队伍中来，更好地为基础教育服务。老教师由于多年的沉淀，其教学风格、教学业绩等本身就是成果，可以传递给年轻教师，为培养年轻教师再做贡献，所谓"莫道桑榆晚，为霞尚满天"。

三

当然，每个学校对科研工作，重视程度会有不同。在基础教育中，往往学校的中心工作是拼中高考的升学率。在状元利益的驱动下，谈科研就显得不伦不类。高考，只要能拼出状元来，没有人说这个学校的科研工作怎样。即使为零，也不会有人关心。高考的教学成绩突出，就等于科研能力强了。等号的意义实际上是没有意义的。其实，对于基础教育来说，高考如何得胜也是一项重要的科研工作。但通常不列为科研课题，因为中高考成绩的取得，很大程度上，在于学生大量地"刷题"，似乎与科学、严谨、有逻辑的科研课题不相关。

要搞好学校的科研工作，不能只图名，还要落实。落实在过程，证书是果，这个果结得好不好，培育过程很重要。最终，作为学校发展的需要，校长应该明白学校最需要什么样的课题——要寻找学校发展之根、建设之根。课题如果不是学校发展所需的，可以暂缓，即使课题的级别再高也要优先发展必需的。否则，会劳民伤财，得不偿失，所以要从根本上重视。

如何搞好基础教育的科研工作？这本身就是一个课题。教师在教学实践中，个体的行为研究更有现实感、操作感。研究的校本化、草根化就是从教育教学的实践出发，进行有特色的本土研究，形成校本风格。要明确科研是为了学校发展，发展是为学生的终身教育负责，所有的科学研究都应该为这个核心服务。以此为基础，做好基础教育的科研工作。

握不住的沙子，不如扬了。基础教育的科研不要追求高大上，要立足自己的岗位，针对自己教育教学当中的实际问题来选择课题。就目前基础教育的研究现状来看，有些研究已经成为热门话题。总体上，基础教育中的教师科研，关注课堂教学领域的比较多，对校本课程也有所涉及。张延华老师说："课程不是学校教师能随便掌控和规划的，所以教师要做的更多是在操作层面、实践层面，这是教师确立课题的内容范围。"案例研究是最简单易行的，也最实用。像学情调查就是一个紧要的教育问题，特别是在农村，真实教育现状是什么，就需要抽项、提取研究。

"教育叙事研究"是比较适合于中小学教师的。可以针对某一教育现象，某一个体，找到典型案例，观察研究三年，每天都要做一些叙事，这样就会形成一定的经验，就像卢梭的《爱弥儿》。也可以关注一类学生的成长，做好每天的成长记录。追随教学实践，一步一步甚至像日记似的，每天都有记载，都有收获。但是关键是有所反思、有所提炼。把握客观事实，从现象之中发现本质问题。还要注入记录者的主观理解，从而上升到研究层面。

在深化教育体制改革的今天，关于教育均衡发展的问题、教育公平的问题等都是值得研究和探讨的前沿的问题。做这方面的思考，目的是使得区域内的教师的师资力量达到均等化，满足区域内的广大人民群众对教育的需求。要理性地看待这些问题，提升学生素质，这是教育科研的关注点，课题指向应该向学生身心健康发展的角度，有所涉及，甚至不断深入，这是总趋势。

从另一个角度看，学校是学生学习生活的地方，学习永远是学生的主要任务，努力学习是学生最基本的道德，教师要引导和教育学生努力学习、善于学习，这也应该是教师的师德。就是说，学校必须以学生学习为核心，通过学生的学习来体现和发展教育价值，这个是根本。

四

科研能力，培养的是教师的一份从容和自信。有时候，科研工作是有很多历史局限性的，但唯一不受局限的是科研精神。也就是说，设备可以落后，仪器可以落后，但是人的精神理念永远在科研中起主导性的作用。

从更广阔的科研领域看，科学家是科研精神的人格化身，也是科学精神的人格化身。科学精神讲究的是求真、客观。而科研精神，主要是指一个科研主体，它在进行科学研究的过程当中体现出来一种思想境界、理想情怀、价值关怀以及历史担当。叶军锋老师说："科学的品格是创新精神，可以是99%的失败，但在失败中找寻一个正确的方向就足矣。"无论是自然科学、社会科学，还是人文学科，创新精神是永恒的务实精神。在这个信息知识大爆炸的现代社会里，现代人常常伴随着浮躁的情绪，如何去伪存真，如何在自己的内心世界平静下来，踏实做事，这是科研的基础状态。因为，在消费主义时代，人们面对的诱惑实在太多了，尤其是青年研究者，可能坐不下来或者沉不下气，还不懂得科研的魅力所在，还不懂得在研究当中获得成就的快感。

"机会青睐有准备的头脑"，要用心地积累、储备，正如哲学家孙正聿所言："第一种是生活的积累；第二种是文献的积累；第三种是思想的积累。"还有，在人文学科当中，现在也越来越意识到团队攻关的重要性。单打独斗还是不利于社会的发展和科研的进步。有时，科研的问题是一种大学科的、跨学科的、交叉学科的问题。团队意识就是要有合作精神。但更主要的是在科学家身上要有一种人文主义或者人道主义的情怀。一个科学家如果没有一种对人的生命、生存、生活的敬畏和尊重，那他所从事的事业不会有太高的格调和境界。在技术求真的前提下，还有另外的维度就是求善、求美。要达到"道技两济"，由技术到心术的升华。道的层面是无止境的，我们追求得越高可能站位就越宽，视野可能也会越广。

五

科研是学校教育的生命线，关乎一个学校的生存和发展。但若要科研兴校、科研兴教，关键是要加强教师的科研素养。由于科技的迅速发展，知识更新速度加快，教师要树立终身学习的观念。

来自社会层面的终身学习的思潮推动了整个教育的变革和转型，教师要在大潮中勇当水手就需要不断地发展自身，通过在职进修、在职培训、自主学习等方式来提高自身。现在，联合国儿童基金会、世界经济合作与发展组织等这些国际组织对教师的在职培训、专业发展等情况都有专门的研究报告，从而洞见教师在职培训是一种国际潮流。我国吸收西方经验把教师在职进修推上了一个新的台阶。

关于教师在职培训，2012 年国家颁布教师专业标准，实施方案对教师职业道德、教师基本理念、教师专业知识、教师技术能力等方面都做了一些规定，这些规定是基于教师能够更好地胜任教育的改革和发展，胜任自己的教育教学工作而提出的素质要求。教师进修、专业培训有了发展方向，就需要理念的转变与践行。以往的培训是一种补偿性地进修，也就是缺什么补什么，现在的理念是发展性的，让特长更优，让效益最大化——补偿和发展有机地结合起来。

学会学习是首要的学习方式，比学会知识的本身更重要。培训与进修大多以青年教师为主，青年教师要有成为自身所在学科的专家意识，否则成长的速度就慢，积淀的力量就弱。作为教师从事教学任务，要掌握所教学科的历史、基础理论、知识结构、应用实践以及跨学科的知识谱系，包括教育原理、教学法、教育技术等。

整体来看，教师进修是对教师自我价值实现的追求。通过进修，教师能力会相对得到提高，工作成效加强了，能更好地得到学校、学生、社会的敬重和认可。业务上的提高是为了减少在教育教学、教书育人的过程当中遇到的苦恼，没有本事才容易产生挫折感和焦虑症。教师自身的转变在某种程度上是通过教育学生来实现的转变，从而获得自豪感和幸福感的提升。

考研是教师继续学习或者继续深造的一个标志性的学习方式。但是，在现实生活中，研究生考上了，学校反而不给必要的学习时间，只能一边学习、一边工作，结果弄得学校和单位都不是很满意，两面或许都成了非专业。解决好教师进修和教师的本职工作之间的关系是一个非常有趣的话题。李广平教授说："在培训教师专业发展的活动中，组织实施环节经常会遇到这样的问题。从表面上看，这是一个"工学矛盾"的问题。如果所培训的内容与自己的工作有直接的关系，是渴望解决的暂时又探究不清楚的一些前沿性问题，针对性强，就值得培训。从实际上看，教师培训特别是中小学教师培训，针对性不强，后期的可操作性差。"在这里，我们要摆正一种关系，教师进修与培训，主要是针对教师工作中遇到的一些难解的问题，梳理出来后，带着解决问题的需求，跟大学教师就相关问题进行深入地探讨，这样，才会收到意想不到的效果。

"工学矛盾"是经常发生的，各行各业都有。但是就因为有矛盾就放弃教师培训自修吗？不能，"方法总比困难多"。有人提出利用假期培训，比如教育硕士就是这种模式。暑假 20 天，寒假 20 天，平时不在校。对于一个研究生学历者来说，这种学习方式可不可取？能达到研究生的培养水准吗？对此，李广平教授说："教育硕士是一种应用型的硕士学位。中小学教师的优势是具体的教育教学研究，是操作性的教学。在大学里，他们重新学习和探讨教育理论、教学论、课程论等教育方法，又能对实践进行深刻地理解与反思，这在理解程度和掌握程度上，要有应届本科生考入硕士研究生不可比的优长。"但是，在校学习时间能否保证，也的确是个问题。国内很多高校在这方面都做了探索。寒暑假 20 天仅仅是一个学习阶段，互联网、慕课等的视频、音频都可以提供相关的学习。教育硕士入校后互选导师，导师选定后可以就某些教育教学问题进行深入探讨，这种学习实际上可以称为混合性的学习方式。张静仁老师说："这20天主要是面授时间，主要内容是基础理论课和学位规定的必修课程。其他时间，可以在导师互选后根据自己的研究方向进行单独探讨和交流。例如心理教育或者中小学的道德教育，研究方向确定后，调研是主要的研究内容，不需要与导师天天见面互动，需要沟通时也可以电话、微信、QQ（一种即时通信软件）等方式联系，学术的交流与沟通都比较方便。"在职研究生与全日制研究生相比，在学习时间上肯定是有差别的，但差别不大。在职研究生课时多，任务重，学习集中性比较强。全日制研究生教学时间是分散的，学生可能有更多的反馈时间。

　　教师在职进修、培训或者异地做访问学者，对教师个人素养的提升肯定会有帮助。但是学校派出的教师大多是业务水平高的，或者业务能力强的教师，教师继续深造可能会给学校工作带来负担，教师外出学习，学校的工作由谁来做？这就是所谓师资不足的问题。因师资不足而影响正常的教育教学工作，各个学校都有，但要探索一些经验，开发校本研修，通过聘请更优秀的专家讲座来进行交流示范，这都是很好的解决路径。哈佛大学有一个教育理念叫"走出去、请进来"。教师可以不出校门、不出国门，就能得到良好的教育培训。教师进修也可以采取多种方式，比如自愿整合，把别人的优秀资源拿来与你共享，进软件和人力合作都可以。但是教师的专业知识进修就可能会成为问题，共性的研究还好解决，因为专家培训可分为两种类型，一是基于学科的培训——学科教学、学科前沿发展、学科的思想理论体系等，这是针对性强的培训。还有一种就是通识性培训，作为教师要懂得国家教育政策的发展，新课程改革的主要理念以及课堂的教育技术等，通识性培训是面对全体教师的。

　　然而，对于教师资源的掌控是要考虑的。教师在走出去的同时，也面临着重新选择工作的机会，比如在"国培计划"中通常都有被挖走的老师，这就会形成一个矛盾。因此，教师培训通常会遭到学校的质疑，不能让优秀的教师都成为别人的盘中餐。

　　这里我们就要看到，教师进修主要目的还是开阔视野、扩展知识面，有利于本职教学与科研。至于通过进修跳槽，关键是要加强爱岗敬业教育，通常不是说有几种留人方式吗？事业留人、待遇留人、感情留人。再要留不住就是中国的那句老话：天要下雨娘要嫁人，由他去吧！国内国外都有这种情况，也不新鲜。教师的在职进修这个工作要全面地开展下去，不能因噎废食。况且，"人往高处走"，学校培养了更多的优秀人才也说明了学校的实力。关键是学校的氛围是大家在不断地学习、不断地发展，学校教师整体水平提高了，个别教师跳槽了也不会影响学校整体的教学科研工作。

　　教师进修是与教师科研相关联的，因此，各个学校都要长期坚持下去。这项工作还需要政策支持、行政部门的监督管理等。在认识上，教师本人要重视，教育行政部门或者学校管理者也要重视，不能看成是一项消耗或者负担，而应该看成是发展和提升的机遇。把教师进修当成一项教育任务来抓，要寻找更好的办法来解决"工学矛盾"。

2012 年教育部颁布《加强教师队伍建设的建议》，规定教师五年一个周期、360 学时。这个循环安排是能够调整教师轮换进修任务的。在培训内容和方式方法上，要加强针对性培训。数学专家来校讲课就是数学组来听课，文科组或者音体美组来听课就是消耗。除了一些通识性的培训之外，更应该加强对学科内容的深入探讨。可操作性是培训内容的方向，理论主要是要应用于实践，还要强调时效性。一般来说，中小学教师的实践性都比较强，而理论性相对较弱。要把中小学老师的实践性与大学导师的理论性完美地结合起来，那教师个人提升的空间就会很大。假如在进行"国培计划"操作时，设计者就应该注意到三人以上的小组就要有意安排一名中小学教师、一名地区教研员和一名高校教师，这样团队就可以就某些教育教学问题进行全方位地研讨、交流与设计，平行小组间也可有互评。有了这样的思考和反思，理论与实践的结合，效果就会更好。魏国勇老师说："教师进修还要深思这样的原则——'预则立，不预则废'、不'急功近利'、不'顾左右而言他'。教师进修事先要有计划，不光是职业，人生也如此。有计划，站位就高。舍得下功夫，不忙着出名。教育家不是谁想当就能当的。一旦目标确立后，就一直追求下去。在追求中自省、自立、自定、自觉、自由。"

在教师进修方面，国外也有成型的经验。1966 年，联合国教科文组织就发表了关于教师地位的建议。同医生、律师一样，教师也要有自己的专业发展。发达国家，总是把教师进修作为职称晋升的鼓励。法国国民教育改革委员会就有国民教育培训团，法国教育界的谢韦内芒说："教师培训要像普及基础教育一样，既是教师的权利又是教师的义务。"德国是把教师进修作为学历的一个阶梯；俄罗斯对新任教师，两年小培训，五年大培训，还要聘请专家评审，进修成绩合格，可作为晋级、涨工资的条件。良好的监督机制会系统地检测教师自身学习的情况、传帮带的情况，而不是中国式的教师进修——不是出来购物，就是出来望风景。

美国还有一个教师专业发展学校，由大学、中小学教师建立的协作共同体，职能包括大学培养的师范生要到中小学进行教育实践，大学教师要进行基础教育问题的研究，而中小学教师的专业培训，由大学老师协作完成。

国内也有尝试，首都师范大学建立了教师专业发展学校。东北师范大学建立了教师教育东北创新基地，三十多个县区、教育部门的协作体，105 所中学的合作发展基础，U—G—S（师范大学—地方政府—中小学校）教师教育创新模式。从 2007 年到现在，创新基地在实践、反思、总结过程中，探索新路，培养创新能力。"常青藤"工程就是实验区的一个教师进修学校为教师组织专项培训，还有顶岗培训，即师范生下基地学校进行教育实践，替换在职教师回到大学进行重修；一站式订单培训；送教下乡，送教到校——派专家到基地学校举办讲座，配备大学教师到基地学校担任名誉校长，或者科研校长等兼职活动，帮助学校研究学校发展和教育教学改革等事项，在这方面还需要加大人力物力财力的投入，需要政策支持。

总之，教师科研与教师进修是相辅相成的，共同为教育教学服务。在教学中，科研是先导，进修是提升。对于一个教师来说，科研与进修，既是教师的必修课，同时也是教师的美容课。如果每个老师都对所学专业进一步学习的欲望，都对所教学科存在的问题感兴趣，那么，基础教育就有未来。对此，学校以及教育行政部门都应该支持教师科研与教师进修，使基础教育工作再上新的台阶。

教育就是"爱得很深"
——关于班主任工作的那点儿事

题记：孩子需要爱，特别是当孩子不值得爱的时候。

在基础教育中，我一直以为真正的育人者是班主任，但我没有否认其他科任教师的辅助作用，身为教师都有责任和义务教育好学生。然而，班主任是学校工作的脊梁，对推动学校的改革与发展起重要作用。抓好班主任工作，学校工作就会得以顺利开展。因此，每一个优秀的学校管理者无不重视班主任的工作。但是，要做好班主任工作却不是一件容易的事，班主任要随着时代的发展、社会的进步、教育对象的改变而不断转换工作艺术。这里，仅就班主任的创新工作谈几点建议。

一、不谈考试成绩的家长会

家长会不谈考试成绩，谈什么，这是一个值得玩味的问题。一般而言，家长来学校开会的目的就是想知道孩子的考试成绩，还想知道考试成绩得来的原因。假如有一次家长会，班级没有发分数条，没有语文、数学、英语等各科成绩，没有年级的成绩排名、没有班级的成绩排名，没有与上一次考试的成绩对比（进步或者退步），家长就会感到很茫然。没有考试成绩的家长会，怎么开？

开会就要解决问题。朱铁军老师说："通常的家长会有三方面的分析——成绩分析、学情分析、班级综合情况分析。一般而言，家长会都这么开，还有新的开法吗？"杨光老师说："每学期至少要开两次家长会（期中和期末）。每次开家长会的内容基本是一致的。家长拿着成绩单，咨询老师为什么孩子这次考试考成这样？老师有没有办法提升？不管成绩好的还是成绩不好的，都这么问。还有一种问法，我们孩子在小学（初中）时学得都很好啊，怎么上了初中（高中）之后成绩会变成这样？你会感到问题很另类，好像老师没教好似的。家长会都是这样开，还有新的开法吗？"

当然，现在的家长会几乎都是这样来开。因此，家长会甚至变成了考试成绩的"批斗会"，个别家长面对自己孩子的考试成绩抬不起头，就借故以各种理由逃避家长会。还有的孩子因为考试成绩不好，也不敢通知家长来校开家长会，就是担心"今夜有暴风雨"。可见，通常意义的家长会基本上是以分析考试成绩为主，分数至上论，家长、老师、学校领导都以考试分数为衡量教育质量的标准，学校教育已经严重窄化为只剩智育，其他各育均已相对淡化。如果开一次不谈考试成绩的家长会，应该怎么开？

有人说，家长会可以不谈考试成绩，开成专题培训会。比如，如何克服孩子的自卑心理——孩子在校的自卑心理多半是由于考试成绩不理想造成的。解决孩子心理问题的家长会，可以选择部分学习成绩较低的同学，有针对性地解决因考试成绩而造成的自卑心理。为了避免与学校教学场地冲突，这样的家长会也可以在校外开。会议的主要内容就是坚决避开谈论学生的考试成绩，也不谈学生在校存在的缺点和问题。清代教育家颜元在《四存篇》中说："数子十过，不如奖子一长；数过不改也徒伤情，奖长易功也且全恩。"大家齐心协力共同寻找这些孩子的闪光点。比如说，张同学会谈钢琴，王同学会打高尔夫球，李同学是绘画素描高手，赵同学小学三年级时是区运会的游泳冠军等。先通过个人的特长建立起孩子的自信，从而影响并促进学生的学习生活。

家长会还可以开成职业生涯规划交流会。在班主任的指导下，也可以由家长自己组织，建立微信群，或者QQ群，做好相互之间的沟通。聘请国内有重要影响的职业规划师来校讲学，为学生的职业选择指明方向。家长也可以建立一些专栏，根据孩子的自身素质，探讨成才方向。

再有，还可以讨论"如何感恩""如何面对早恋以及如何面对不可回避的成长烦恼""家长如何做好陪读""如何提高课堂的听课效率以及形成良好的学习品质""家长教育孩子经验交流会"等。也不一定就以会议的形式，也可以座谈的形式，家长坐在一起，像茶话会一样，聊一聊班级中存在的问题以及班级的管理理念、人才培养方向等。

因此，家长会的内容可以不必单一，只谈考试成绩的家长会就是目标单一的家长会。也可以把上述内容不同的家长会，在不同的时间段里召开，根据孩子的年龄特点和存在的问题进行不同的教育。否则，家长会内容总是以考试成绩分析为重点，而不顾及学生培养的全面性，这样的教育注定是要失败的。

应该说明的是，在学校教育中，一个学生在校成绩好也只是他生活的一个方面。假如把一个孩子教育成如何懂得去热爱生活、珍惜时光、尊重生命的孩子，那比学习好还要重要得多。或者说，懂得了这些，学习成绩自然也就好了。新时代的教育思想不能"唯分数至上论"，要讲求德智体美劳全面发展。忽视了以德树人，提升了"智力超群"，这样的人才培养几乎也没有什么价值。孙正聿教授说："生活要先有意思，再有意义。"学习的最高层次是快乐学习，生活的真正意义是懂得生活，这是教育的本质。

懂得生活与快乐学习的孩子，一定是对自己的高中生活有全盘规划的孩子。朱铁军老师说："一个孩子要想考取北京大学，首先就要考虑各科成绩要在多少分以上，还有哪些薄弱的地方，是什么影响了高分成绩，现在要克服什么，目标一定要明确。现在要做什么，后期要做什么，包括锻炼身体、收复情感等，都要有计划，按部就班，全方位实现目标，成就梦想。"在这种情况下，班主任要做好与家长的沟通，并帮助孩子实现梦想。现在的家长大概分为几种类型：一是我不懂教育，我也没有时间；二是我懂教育，但我没有时间；三是我不懂教育，但我有时间；四是我既懂教育，又有时间。因此，在教育孩子的过程中，班主任要看准家长是属于哪种类型，必要时，对不懂教育的家长先让他们接受教育，以协助班主任，帮助孩子共同成长，就会收到更好的教育效果。

实际上，家长会就是家长与学校教师见面沟通的会议。大家坐在一起，研究教育的一致性和管理方法，教师、家长和学生三者之间要相互配合，家校合一。沟通好，解决问题就不会出现偏差。即使"家有暴风雨"，班主任也要事先下一点毛毛雨。家长不要把孩子的问题都集中在一起时，再发威，这样容易把孩子击垮。在家庭教育中，家长的批评是容易升级的，语言过激，情绪上的变化，都会使孩子感受到家长已经失去了信心。批评也要做到未雨绸缪，最好的方式是平等对话，促膝长谈，充分估计到可能性，防患于未然。

可怕的是，家长当着孩子的面，反驳班主任的问题："难道我的孩子一点优点也没有吗？"那么，这样的打击对孩子来说是巨大的。这是学校教育出了问题。班主任在家长那里，在学生那里都将失去评判的威信。往往学校评定一个学生是"好孩子"还是"坏孩子"，这个"好"和"坏"是以成绩为标准的。

杨光老师讲了一个真实的例子，是在军训之后的一次家长会。学生的母亲问："老师，你看我们家这个孩子，最近表现怎么样啊？"老师实话实说："你这个孩子，最近表现不太好。"然后，一二三都说给了家长。可是，开过家长会的当天晚上，学生的父亲打电话问老师："今天下午开家长会出什么事了？孩子把自己关在房间生闷气，夫人也是。问谁谁都不搭理我，这是什么情况？"班主任明白了，然后就告诉学生的父亲："我跟孩子沟通，你跟夫人聊聊。"结果，问题解决了，学生考试成绩低，是因为中考后的放纵。这就要讲求"收放心"了。

但也应该懂得，考试成绩也只是育人的一个侧面，教育的核心价值在哪里，这是判断家长会是否理想的衡量标准，也就是说，家长会在实施的过程当中是否真正解决了当前学生存在的问题。我觉得家长会谈不谈成绩无所谓，关键是针对青少年在成长过程中存在的问题，家长会能够举实例、析案情、找原因、谈方法，解决实际问题，这样的家长会才能得到家长的欢迎与学生的好评。

二、努力做一个孩子喜欢的班主任

站在孩子的视角，去看待孩子本身的一些行为和表现，然后，俯下身子跟孩子交朋友，因为朋友间可以无话不说，做事不用遮蔽，这样就可以慢慢拉近与孩子的距离。陶行知说："我们只有学会把自己变成小孩子，才可以做小孩子的先生。"实际上，就是要求教师有一种角色的转换，这是学生喜欢一个班主任的前提。

学生喜欢以身作则的班主任。《论语》有云："其身正，不令而行。其身不正，虽令不从。"班主任的率先垂范会对孩子产生效仿的作用，"亲其师，信其道"。榜样的意义在先，学生才能相信班主任的言传身教。谢江巍教授说："一碗水端平，是做好班主任工作的出发点和归宿。"这话是很有道理的。班主任工作一视同仁，坦荡做人，坦荡做事，学生就喜欢。明代薛瑄在《薛文清公读书录》（卷五）中说："读正书，明正理，亲正人，存正心，行正事，斯无不正矣。"现在的孩子个性都比较鲜明，如果班主任的工作有所偏向，就会招致不同的目光，就会产生闲言碎语，班主任工作就不好做。

学生喜欢被班主任赏识。人人都渴望被别人理解和赏识，学生尤其爱听班主任的表扬。但赏识应该是多元的，成绩好是一个方面。在班级各项活动中，总有突出的好人好事。实际上，班主任身上肩负着两种职责：一个是教书，一个是育人。特别是育人，班主任的班级管理理念、管理目标的设定都会直接影响到孩子。因此，班主任要把赏识教育用在实处。

学生喜欢智慧的班主任。班主任的智慧，学生通过几件事就能感受到。有时，同学之间很容易因为一些小事就引起冲突，也有些矛盾可能是日积月累的结果。班主任如慧眼识珠，明察秋毫，在第一时间就能解开疙瘩。高手班主任总是要讲求策略的。通常在矛盾爆发的点上，"挽狂澜于既倒，扶大厦之将倾"。在大型活动中，特别是全校足球比赛，恩恩怨怨全在足球场上。比赛胜负对于一个中学生来说，实在是太重要了。对决成功就等于"统一了六国"。这时，班主任一定要在现场，当发生"战争"时，要第一时间处理本班学生，先把事态平息下来，然后再了解事件的起因。导火索是谁点燃的？核心事件是不是有伤害？隔离开关键人物，冷静安抚，平息情绪，最后息事宁人，让冲突方间成为"不打不相识"的朋友，这就是班主任的"斡旋"作用。

而对于情感之争的处理，更需要班主任的经验和智慧。假如两个男孩儿喜欢一个女孩儿，或者一个女孩儿喜欢两个男孩儿，都会有矛盾、冲突、对决。因为这涉及自尊心，或者情感隐私，所以班主任要与当事人进行心与心的交流，能够平息就好，如果不能则需要学校、家庭和社会三方教育的合力来解决。而实际上，早恋这件事，在某种程度上，班主任越干预，或者家长越干预，反而早恋的双方，情感就越升温，这是青春期孩子的心理特点。叛逆，在某种程度上，就是把对的说成错的，把错的说成对的。本来这世间有些事也没有绝对的对错，但可以按当时的常理来判断对错。有人说，班主任解决早恋的最佳办法就是换同桌，这样早恋的两个人不出半个月就会各奔东西，这也有一定的道理。

班级丢东西了，这是班主任日常管理班级中经常遇到的现象。怎么处理？这又涉及班主任的智慧。假如，某一天，有个学生突然对你说："老师，我有100块钱被人偷了。"这就成了一个案件。要想破案必须当机立断，但要急中生智，冷静思考。首先要对失窃的学生加以询问，诸如放错地方了，或者夹在书里了，或者借给谁忘记了，或者别的同学不经意间当垃圾扔掉了等。假如我们设置的情景是真实的，那么我们找回的就不是100元钱，而是自身的严谨与人生的态度。然而，这些假设都不是，钱的确被同学偷了，怎么办？我当班主任时，就有遇到过这种情况。我记得我当时说了一句让拿钱的同学可能感到很沉重的话。我说："这100块钱，你拿去了可能是为了一时之需，但是我希望你能够及时地把它送回来，当然你也不可能再送回到他的笔袋里了，你可以压在讲台或者我经常能看到的某一个地方，这都行。千万不要因为这100块钱让你背上了终生的债务。"后来这100元钱找到了。这个男孩儿在一个周日的早上给我打了一个电话，告诉我，钱就在最后排的一个书桌里（当时最后排两个座位没人坐）。我领着失窃的同学和另外几个同学马上到教室去找，果然钱在那里。

教师的语言惊醒了犯错误的学生，他怕"背上终生的债务"，钱送回来就可以解脱了。因此，学生犯错误并不可怕，可怕的是教师没有正确的解决办法和给犯错误的同学以改正的机会。这就是班主任的工作艺术。有些问题处理好了，可能就是风平浪静，但是有些问题处理不好，那恐怕就是洪水滔天。

在班级管理中，"后进生"的学习常常让班主任感到头疼。如何调动学生学习的积极性？动力来自何方？孙玉伟老师说："抓住闪光点，扩大优点。"是的，一个优秀的人总是从某一点开始杰出的。要把"后进生"的优点放大，及时表扬和鼓励，多给予尊重，多给予赏识，多给予宽容，多给予理解，就能收到好的效果。孙老师讲述了他亲身经历的一件事。有个"滑头班长"，表面上非常支持老师的工作，然而私下里总和捣乱的学生为伍。常听科任老师说："这个班，上课简直就像市场一样，乱成一团。"怎么办？"擒贼先擒王"，就从这个"滑头班长"抓起，与他谈心，在课堂上建立他的威信，故意抛给他一些简单的问题，让他更加准确地回答，逐渐地"滑头班长"听课认真了，作业也能按时完成。有了"滑头班长"的号召力，不出一个月，班级状况明显好转。这就是班主任"精诚所至，金石为开"的效果。

然而，目前在教师群体当中弥漫着一种情绪，就是有很多教师不愿意当班主任。主要有这样的几点理由：一是个人追求不同。有的老师希望在教学科研这个方向上做进一步的努力，班主任工作会影响个人业务水平的提升。二是舆论的压力。一旦班主任在工作处理上存在分歧时，网络铺天盖地的负面舆论就会跟上来，而大多数人不能理解老师，盲目跟帖。三是班主任特别辛苦。几乎早晨第一个来到班级，晚上最后一个离开班级。这些也都是现实问题。但我还是有不同的理解。有人说，个人的德行有多重，人生留下的脚印就有多深。同样地，作为一名教师，师德的境界有多高，那么育人之路就会有多长。因此，做学生喜欢的班主任，师德要放在第一位。丁艳辉老师说："班主任队伍的整体素质是学校德育工作状况的重要体现，立德树人，班主任要走在前面。但德育工作对学生的教育期许不能太高，这会影响孩子的人生观和价值观。一些孩子在教育的怂恿下，反而会走邪路。做一个幸福的普通人，该有多好。"是的，指点江山的伟略雄才毕竟是少数，做一个幸福的普通人，将内心世界的真善美与外在世界同源，共同成长，才是美好的人生。

总之，努力做一个学生喜欢的班主任，需要品格、学养、视野和格局。"什么样的班主任就会带出什么样的学生"，这说明班主任工作对学生的人生产生的重要影响。

三、如何构建良好的班风

班风就是一个班级的风气。有过教育经历的人，时常都能听到老师们说，这个班级班风好，那个班级班风不好。班风的好坏在教师的认知群体中也是有标准的。班级凝聚力强，整体风貌积极向上，同学之间关系融洽，尊敬师长，纪律严明等，一般认为这就是好的班风。闫萍老师说："老师上课，下面没有调皮捣蛋的，就行。如果这堂课讲'勾股定理'，下面有一半同学在看动画片，这就不是单纯的纪律问题了。还有班级的很多细节都能体现班风，比如班级备品的摆放、地面卫生、墙壁的粘贴等。"从这可以看出，良好班风的养成每个人都有责任，在班风好的环境中学习生活，可以增添个人的舒适感和自豪感——自习课安静地上自习，就是一个例子。

班风的外化表现是孩子在社会公共场所的举止言行，如果一个学生在校很懂礼貌，那么在校外通常就不会出现野蛮无理或者无理取闹的情况，这是学校教育的结果。

建设良好的班风，班主任起到关键的作用。班主任思想偏激，牢骚满腹，班风就会呈现负能量，徒增消极情绪。主题班会是形成良好班风的重要手段，一定要开成给予心灵触动的积极向上的班会。例如"新时代·新青年·新梦想"主题班会，以及"头悬梁·锥刺股·程门立雪"主题班会，"懂感恩·献爱心·扶老携幼"主题班会等。这些活动的广泛开展，班级凝聚力就会增强，也是形成班风的有效途径。闫萍老师说："通常，班风的形成分四个阶段。一是观察阶段，新生初来乍到，彼此不了解。二是聚合阶段，物以类聚，人以群分。共同语言，共同兴趣，就会形成小团体。三是正负能量交锋阶段，也是班风形成的重要阶段。班主任一定要站在正义的一方，做好中流砥柱，制衡各种力量，先分解对班风发展不利的因素。例如贪慕虚荣、铺张浪费的孩子与艰苦朴素的孩子之间会产生力量冲突，这个时候，班主任就要适当引导'由俭入奢易，由奢入俭难'的道理。四是班风稳定阶段。要保持形成的良好班风，共同努力，开创美好的未来。"

在班风建设中，还涉及许多形成因素，例如分座。分座在班级管理中常常令班主任踌躇，分不好学生家长都不满意。如何分座，也可以采取新经济学的"分粥理论"——如果咱们两个人，我分粥我就掌握了分粥权，但制度规定，谁分粥谁最后喝。因此，无论多少种分粥法，也无论多少个人参与分粥，掌握分粥实权的这个人永远是最后拿就是对的。因为他为了确保自己能喝到一碗跟别人一样的粥，他唯一能做的是把粥分得精而均匀，那么没有绝对的公平，只能用制度来降低这种不公平的产生。

分座让学生自己分，但是班主任先制定好一个规则，比如男女生要同桌，成绩好的同学要与成绩差的同学同桌。于是，可以采取数学矩阵似的前后轮左右轮制，即每周前后轮一下又左右轮一下，也就是说，每一个孩子在教室的每一个位置都能坐到——公平了。还有个头儿特别高和眼睛近视严重的，自己解决，自己解决不了的，班主任协调解决。分座事宜也可以通过班会座谈的形式，如果分座原则达成共识，也就是说，在班级的每一个角落或者最差的角落都可以接受，分座的矛盾也就消减了。

良好的班风形成，要有班委会和团支部两支队伍的有力支撑。因此，班主任在选班委会和团支部的成员时，就要慎之又慎。班长和团支书是班主任的左膀右臂，要为班级同学做出榜样，带着正能量向前。不能在班级形成帮派，不能搞个人主义，小山头主义。班主任要善于鼓励学生干部、保护学生干部，发现孩子的闪光点，要及时加以表扬。因为你不知道哪一个学生是从哪一点开始优秀的，所以班主任要有发现的慧眼，及时捕捉信息，包括学生个人的组织能力、沟通能力、协调能力等。

总之，班风建设是整体的也是琐碎的，良好的班风形成离不开这样的几个关键词：团结，"兄弟同心，其利断金"；互助与分享，共同了解对方、认识对方；拼搏进取精神，不论去做什么事，都要想着成功。爱是永恒的，班主任要爱学生，学生要爱老师，爱班级，爱学校。通过爱的努力，维护爱的尊严，塑造爱的班风。荀子说："蓬生麻中，不扶而直。白沙在涅，与之俱黑。"说明良好的环境对于个体成长的重要性。墨子也同样谈道："染于苍则苍，染于黄则黄。"说明每一个孩子的思想空灵纯洁，就像一匹白布，拥有良好的班风就会给丰富的人生涂抹绚丽的底色。

四、我怎么能够温暖你

网上有则新闻，在某市的一所中学，英语梁老师在上晚自习时，学生小敏将一张纸条贴在了梁老师的背上。纸条上写着"我是乌龟，我怕谁！"旁边还有一只乌龟的图案。梁老师发现后，十分生气，觉得受到了小敏的侮辱。梁老师气愤之下打了小敏一巴掌，小敏随即用桌子上的书砸向梁老师，梁老师又打了小敏一巴掌。班级气氛立刻紧张起来。为了控制住小敏激动的情绪，梁老师先后两次按住小敏的脖子，导致小敏脖子出现伤痕。此后，当地教育部门介入调查，根据教育部《中小学教师违反职业道德行为处理办法》第四条第五款的规定，认为梁老师体罚学生过重，予以开除处理。

这件事在教育界引起了很大的轰动。有人说，人与人之间哪有"舌头碰不到腮"的，师生矛盾是教育的正常现象，不必纠结。也有的说，作为老师应该宽容，有风度。学生犯了错误，要教育学生改正错误，遇到不能理解的事，要引导学生，感化学生。还有的说，教师也应该有风骨，就是教师的尊严不可冒犯。孔子为什么纠正了"以德报怨"这句话，主张"以直报怨，以德报德"？就是要"以牙还牙，以眼还眼"。也有的说，学生是教育的对象，既然事情已经发生了，如果教师一笑了之，或者下课后，风趣地说："你想让老师长生不老吗？"拍拍肩膀也就过去了，不会闹到免职的地步。

诸多的探讨与教正，其实都在指向一个问题，那就是当老师受到学生侮辱时，老师动手打学生，这种行为是否得当？法律专家对此解释说："学生在课堂上公开侮辱老师，这的确是对于老师的人格权的侵犯。但是老师作为一个成年人，的确有更多的人文义务，在学生没有直接动手的情况下，老师动手打学生，无论如何都是侵犯学生的人身权的。在这种情况下，老师最好的做法应该是积极寻求学校相关部门的协助，对学生进行批评教育，而不是控制不住自己的情绪动手打学生。"

对于律师的这种司法解释，如果发生在校外，无可厚非，但毕竟是发生在校内，是师生之间的事。纪少昆老师说："如果师生之间可以达成谅解，没有必要再加之以行政干预，或者诉诸法律条文再施加压力。这样的熊孩子（高一学生）在家父母也是不好管的，既然送到学校需要老师教育，有一点儿教育摩擦为什么就不能容忍呢？还要把这个事情升级到如此程度。"类似现象在校老师可能会遇到很多，例如，在课堂上，老师只是多说了几句，学生就当堂反驳老师或者起身摔门而出，弄得大家都很尴尬。当学校生活中，老师果真遇到这种情况，这课是接着上还是停下来？而问题的实质是，学生摔门摔的是学生的修养，同时，也摔了老师的面子。冲动是魔鬼。然而，修养怎样提升？面子又怎么挽回？当师生矛盾产生以后，不能间隔太久，否则容易凝固下来。最好的办法就是交流沟通。需要时也可以请家长介入，了解这个情绪背后的深层原因。

现在，逆生长的孩子，比如家庭困难、父母离异，或者已经单方去世的，或者一直是跟着爷爷奶奶长大的，这些孩子在校大多表现为一种叛逆状态或者自闭状态。缺少自信，缺少安全感，自私敏感，情绪不稳定。纪少昆老师讲了一件亲身经历的事——有一个小女孩儿，军训时在军营七天没有和班级任何同学说过一句话。开学以后，第一天就跟他提了一个小小的要求："老师，我自己一个人坐在讲台旁。"后来，他发现这个孩子上课时不太认真听讲，自己经常在一个笔记本里边写很多话。后来，老师就想和她交流，然而，她第一句话就问："老师，我哪儿错了？""我做得不好，我可以改。"老师说："你没做错任何事，你做得很好，老师很认可你，也很喜欢你，你很文静。"这是他们的第一次交流沟通。但还要抓住机会，继续沟通下去。有一次，老师上完课，故意把钥匙放在讲台上，然后走了。老师在走廊第一个问她："你看见老师的钥匙落在了讲台上没有？"她说："还在讲台上。"紧接着，老师跟全班同学说："我有一个丢三落四的毛病，所以，同学们发现是老师的东西，一定要帮老师经管着。"当老师第二次又落钥匙时，她就给保管了。老师向班级同学说："我的钥匙又没了。"她说："老师，在我这儿呢。"声音很小。老师就郑重地跟她说："你真是一个细心的孩子。"她及时地得到了老师的表扬。后来，老师才知道，她身在一个单亲家庭，母亲一个人带她。与家长沟通后，孩子很快转变了为人处世的想法，也主动跟老师说话了。后来，老师又给她配了一个同桌。在她过生日时，老师给她送了个礼物，祝她能实现愿望。她说："我觉得你既像我的老师，也像我缺失了很久的、没有温暖过我的一种父爱。老师，你能拥抱我一下吗？"因为是一个小女孩儿，老师当时还年轻，思想还有点儿狭隘。后来，通过和她母亲的又一次沟通，商定在孩子过生日时，与她父亲见一面，母亲同意了。她父亲在外地坐了一夜的火车，赶到学校。女孩儿高兴地领着父亲参观了校园。老师在她生日礼物上写下这样的话——我想让你帮助老师实现一个愿望，就是看到你的健康、向上、乐观的一面。

虽然这件事已经过去多年，但纪少昆老师回忆起来仍然是充满深情。或许，作为一个老师而言，这就是一种教育的幸福感。

沟通是教育的前提。古人云："良药苦口利于病，忠言逆耳利于行。"这话对于现代教育来说，有一定的局限性。忠言也顺耳，才是沟通的最佳方式。对待早恋，宫平老师的方法是：班主任不要心急火燎地处理这件事，先装作不知道，然后让俩人同桌，就解决了。宫平老师谈道："我班一个高大的男孩儿和一个瘦小的女孩儿恋爱了，感觉他们似乎不应该在一起。我问他俩能否正确处理好情感与学习的关系。两个学生都异口同声地说没问题。可是不久他们就不再那么热乎了。后来，科任老师来找我，说这俩人在课堂上，用笔记本在聊天，太不像话了。我到班级探明情况，原来两人正在闹分手。我说这才同桌不到两周啊，怎么能分手？可以再聊一聊。男孩儿说他现在闹心，让我去找女孩儿，他想去操场走一走。半小时后，我找到了女孩儿。女孩儿说他俩性格差太多，他之前对她那么好，现在突然间，她就感觉他对咱们班某个女生挺好。她就跟他说这事儿，结果他就跟她一顿吵吵。这两个孩子的事，双方父母都知道。因为考虑到学习，女孩儿想暂时放一放。女孩儿说请我帮个忙，帮她盯他一阵子，就是不让他有别的女生。我笑了笑，说好的。后来，男生一个人在操场溜达，见到我时，眼睛通红，一定是哭了。我知道这是一个重感情的孩子。我就实话告诉了他，说她也挺在乎他的，她让我看他一阵子，行不行？男孩儿说看啥看，他根本没那事。我说人家现在想跟你冷处理一下，你能不能别热乎了？男孩儿说行。这件事，就这样风平浪静地处理了，在班级也并没有引起大的波动，有一句诗叫'润物细无声'。"

总之，班主任工作要"循循然善诱人，博我以文，约我以礼"，这就是班主任的工作艺术。随着"互联网+"和大数据时代的到来，学校的德育工作可能会面临新的挑战。班主任一不留神，一段录音或者一段视频就会被传到网上。即使你再讲究策略与技巧，但班主任工作总有触犯学生利益的时候，没有做好相互沟通，就会产生顽症，留下教育的印痕。因此，要加强班主任自身的修为，"其身正，不令而行；其身不正，虽令不从"。班主任要秉持"风骨、风度、风采"的个人信念，学生就会敬仰你、信赖你，沟通交流顺畅了，交往就会自然。

因此，要好好珍惜师生在一起共同走过的岁月，虽然经历了风风雨雨，但是师生之间没有恨，只有爱。英语有一个词汇叫"education"，音译为中文就是爱得很深，说的就是班主任对学生，相反，也是。

办人民满意的高等教育

题记：大学怎么办？科学与艺术相结合。

——钱学森

习近平总书记在 2018 年全国教育大会上指出："加快推进教育现代化、建设教育强国、办好人民满意的教育。"对于一个教育工作者而言，如何办好人民满意的教育，这的确是一个值得深思的教育课题。"办好人民满意的教育"是一个宏伟目标，如果分解成不同群体，那就是学生满意、老师满意，以及政府满意、社会满意等。如果从内容标准上看，诸如教育方针政策、学校办学方向，还有课堂教学效果、学习氛围以及知识迁移能力等，都要让人民满意。其实，要回答人民满意的教育也是一件很困难的事，因为还涉及教育的理念、目标、制度、评价等。

一

人民满意的背后总是要有一个基本需求，也就是说，人民可能在不同的历史时期需求都不一样。对教育的需求，在新中国成立初期，人民满意的教育就是"有学可上"就可以了；"文革"时期，人民满意的教育就是被推荐工农兵学员；改革开放以来，人民满意的教育是能够上一个自己理想的大学。任增元教授说："教育在整个国家民族发展过程当中，与社会其他方面的需求是紧密联系在一起的，在中国 GDP（国内生产总值）如果达到人均 2000 美元的背景下，我们来谈满意的大学教育，是有时代意义的。"以人民满意与否为标准，教育的不同阶段有不同的需求点，要满足不同的需求点，其中就包括教师的工资待遇、工作环境、工作条件，对教师的评价办法、考评包括教学、科研以及师德建设等；对学生而言，学得是否开心，学的东西是否有用等。教师和学生都满意了，这样的教育才能充满生机。

近年来，国家对教育的投入增加 4%，办人民满意的教育包括教师自身也都做出了很大的努力，但是现实社会对教育的满意程度并不是很理想。大学教育的治理还存在着某些矛盾和问题。英国高等教育学家阿什比说："大学的发展，关键在于大学内部谁说了算。"中国的大学内部，在治理结构上，有党委书记、校长负责制，民主管理、学者治学和民主监督等。在党委领导和校长负责等方面，权力略显相对集中，而民主监督和学者治校等方面权力略显欠缺，也就是说，真正的学者在教育决策当中，发挥的作用并不大。任增元教授说："政府对于教育的管理应该是宏观管理，具体事项应该行政化和市场化，而行政化阻力严重。人民对大学是否满意，人才培养质量、科研水平、管理水平等还在其次，关键是行政化，就是大学紧紧地控制在政府行政监管之下。"办人民满意的大学，首先大学要按照大学的方式去工作，也就是"大学是大学"，然后才能评价大学的功能发挥得好坏。如果大学都不是大学了，是行政下属的事业单位，大学就必死无疑。这就需要大学的结构治理，即大学内部的权力分配、决策、执行、监督等状况，大学教师充分享受自由——学术研究自由、教学创新自由、学科学习自由、教师思想自由，大学要松开办。

在行政化大学体制下，大学创办的目标首先是政府满意、领导满意或者上级满意，并没有完全地面向社会自主办学，这就是我们大学整体上存在的一个弊端。张龙革教授说："首先政府要松绑，政府不要过多地干预大学的事情。不要事无巨细地对大学强加要求，甚至课题评审、奖励升级等都要介入管理。政府对大学控制太多、太严、太死，这样大学就没有了自己发挥的空间。"也就是说，如果大学习惯于政府说什么就是什么，政府怎么做大学就怎么跟随，那么，时间久了，大学就没有了自己的特色，因而就不会去考虑市场和社会以及人民到底有什么需求。大学的自主意识、自主权力、按照社会需求办学、按照人民满意办学都是空谈。

要想办人民满意的大学，就要通过理念、资金、机制等几个层面来进行大学改革。任增元教授说："在中国当前的状态下，在办学理念上我们要更新，在资金投入上尤其是资金来源渠道上，应该有多元化的投入机制。现在高等教育资金的来源，70%至80%都是政府投入。在美国、英国等其他发达国家，社会捐助占很大的比重，这样办大学的好处，一是扩大了资金来源，二是不必完全依赖于政府，像美国最发达的大学，他们资金投入的来源完全自主。在评价制度上，以学术评价、学者主体评价为主，制度制定要有更多的学者参与，满足学生和教师的需求。而中国大学制度的制定大多是自上而下的，都是校内外的行政力量，再找几个专家小范围之内制定的，决策过程的公开化、科学化、民主化程度不高，就很难制定出好的制度。"

有一个问题，在这里要提出，就是在大学治理中，到底是谁说了算？

目前，世界最发达的大学都是私立大学。按照阿什比的观点，一个大学应该有自身的内在生命和逻辑。在国外，有的大学发展到了上百年甚至几百年，这样的积淀，包括大学校园内的建筑等都得到了保持，大学的文化传统在不断地继承和发展中得以完善。中国的大学如果要继续保持大学生态的有机性，就要制定相应的大学章程，以保障大学的传统。

二

在大学治理中，通识性大学增加了，而专业性的大学减少了。比如中华人民共和国成立初期，那些专业性的学校，如粮专、财专、商专等，为社会培养了大量的人才，政府应该保护。现在大学具有严重的趋同性，定位同质化。这个根源在政府，是指挥棒在市场的运作。其实，在大学治理中，影响大学的是三种力量——行政的力量、市场的力量和学术的力量。行政的力量对大学的控制严重，就像你可以跳舞，但要戴上镣铐。那么，教师如何"做党和人民满意的教师"？办好人民满意的大学，关键还在教师，然而，教师的心思和精力要在教育和教学上。

因此，要建立健全的教师评价制度，教师要对学生、对自己的职业和专业充满热爱和敬畏。与此相关的，就是要普遍提高教师的待遇，不要让教师花更多的时间去琢磨改善自己的生活。教师不要因为糊口而工作，应该是基本的生活保障确立后才能够腾出心思去做科研。大学教师现在的待遇，糊口是没有问题的，但这个职业在待遇上还不是特别有吸引力和竞争力的，相对于社会上的平均工资，或者是一些重要的企业，与其他事业单位相比较的话，大学教师的工资待遇还是相对偏低的。

经济地位是教师社会地位的一个基本保障，但更重要的保障是教师的尊严。教师这个职业，社会所赋予的含金量，尊师重教的风气，包括教师教育的体制、教师教育的管理、教师教育的待遇等都要引起全社会的重视。中国有句老话："尊师而重傅，国家就能兴盛；兴师而贱傅，国家就得衰亡。"学高为师，身正为范，师德是第一位的。从小到大，我们的教育就是尊师爱生的教育。学生要尊重老师，老师要爱护学生，这是文化的自古传承。但是，老师和学生要共同尊重学问，尊重学术，向真理致敬。这样，我们今天办社会主义特色的现代大学才有希望，这就是不仅要从理念上、资金上、制度上，更要从人民满意上来办。

从修心开始。不管是教师还是学生，善恶好坏、专业造诣，万念始于心。教育也是一个心灵的教育、灵魂的沟通。所以，大学教师要怀着一颗宽容、积极、向上、阳光、严谨、仁爱之心，带着这种内在的品质，与学生接触、沟通、交流，这样学生自然而然地就会感受到教师的魅力和品格，从而受到论世的影响。然而，现实的教育，在整体上，教师对学生的关心还不够，还缺乏必要的交流与指导。任增元教授讲了这样的一个故事。牛津和剑桥有一个制度叫"本科生的导师制"。在每周固定时间，教师必须要与学生交流，给学生补充学科知识，指导学习方法，解决碰到的疑难问题，包括学习上的与生活上的。约好时间，三个五个、十个八个学生聚在一起，与教师答疑聊天。因此，学生要长期地得到教授的熏陶渐染，才能慢慢地提高学术水平与研究能力。俗语说："牛津和剑桥的学生品质都是教授用烟斗熏出来的。"师生经常交流，自然而然地就会相互促进，教学相长。所以，从评价制度上，应该减轻教师科研的负担，尤其是人文社会学科的教师，科研的负担需要减轻，增加与学生沟通交流的时间，这样，培养的学生质量就会得到相应地提高。

在这里，要强调的是，教师是一个很特殊的职业，想当教师就要有那种凌驾于功利之上的人文情怀。这就涉及学生教育观念的问题，因为不同时代、不同人对教育的观念是不一样的。现在是知识教育观，也就是说，对教育的理解是以知识的传承、知识的创新、知识的传播和发展为核心的，通过教育使人从少知到多知，从不能创造到创造的观点。这种教育观有很大的局限性。先解决了"无"的问题，但是离教育本质还有偏差。人的原创性、人文性、思想性、自由性，经过十几年的教育后，都给约束住了，比如从小学到中学到大学，这个人小学时活力十足，想象力丰富，也浪漫，但逐渐小眼镜戴上了，追求考试分数了，创造力、视野整合力、创新力就差了。个人性的东西都被知识符号、权威遮蔽了。这是知识教育的一个弊端。张龙革教授说："其实教育应该是回到真实的人与创造性发展上去。文化教育观以人为本，让知识垫底，为人服务。寄望大学能有一些人，在知识之上的人，就是所谓综合性的人，学贯中西的人，在文理之间、理工之间做出成就，完成教育文化观的变革。"

教育的本质是心灵教育。教师要培育学生有一颗美好的心灵，积极向上的健全的阳光心态。要激发学生的自我潜能，形成完满人格，能够自己为自己的人生导航。所以，高校教师应该在学生培养层面，向着心灵教育、自我教育这个方向发展，使得学生形成自己独立的、有自由思想的完满人格，这种状态才是人民满意的教育。这就需要大学在设置办学理念上要着眼于学生的存在，要把学生的需求放在第一位，围绕学生的需求制定制度、配置资源、进行改革。从教师层面来讲，既然选择了教师这个职业，以及相关专业，就要有为之奋斗的相关准备。在此基础上，每个教师要正确处理自己的"博和专"的关系，先专后博，把自己的精力和时间集中在一点上，以提高教学质量为先，在一个专业领域积累足够的时间，这样就可能成为这个领域的专家。不要自己肢解自己的精力，要找准自己的位置，从自身的专业出发，好好做人，爱岗敬业，践行社会主义核心价值观，才能办好人民满意的教育。

三

在大学治理中，有一个硬性的指标就是社会评价的满意度——大学的口碑。社会对于大学的要求和大学自身的发展，或许是不同步的。大学和社会的关系必须保持一定的距离，这是办大学的原则，也就是说，大学不能媚俗。拉开一点儿距离，但这个距离又不能过大，大学对社会不能毫无影响或者被边缘化。就像中世纪大学就与社会根本都没有关系，自己办自己的学校。就在那种情况下，大学真就生长起来了——自由、拼搏、上进。但是，当今社会离不开大学，距离的远近由双方决定，行政化和市场化都不行。张龙革教授说："大学首先要获得距离感——自主性。因为中国的大学都是外来的，自主性增强了反而大学自己不会办了，找不到自身的逻辑，所以还得孵育一下。"这就要求有高等教育法和相关研究制度的建构。到2020年，国家有个规划，现代大学教育要运行起来，把握好教育规律以及相应的监督机制，大学与社会的距离适当了，然后再引入大学自由的竞争和淘汰机制。

办人民满意的高等教育，社会对大学的需求主要体现在三个方面：教育质量怎么样；教育公平情况怎么样；学生出路怎么样。"公平""质量""民生"是社会最需要的三个关键点。任增元教授说："实际上，大学一直是通过完善自己来满足社会和国家的需求，而这个需求是动态发展的，大学的努力也是无止境的，目的是办人民满意的大学。然而，教育不是到某一种状态，某一个时间节点上，人民就满意了，教育是与时俱进的。"

教育需要把各类群体的积极性和潜力都调动出来，建立评价机制——学生在接受教育的过程中，教师的业务水平如何；学生毕业后，教育效果反馈如何；还有教育资源分配以及教育机会公正公平程度如何等。大学教育要抓住根本，关注社会需求，提高教师在师德水平、学业素养与教学技能等方面的核心素养。举一个简单的例子，现在大学授课，如果你还像当年闻一多那样念教案，假使你现在就是闻一多，也没人爱听你的课。办人民满意的教育，若一言以蔽之，就是教育水平与教育质量都让人民满意。也就是说，大学要培养对社会有用的合格公民，并且引领中国文化走入世界文化的前沿和高端，把世界优秀成果通过大学传递给中国的莘莘学子。

四

雅斯贝尔斯说，大学是研究和传授科学的殿堂，是个体之间富有生命的交往，是学术勃发的世界，每一任务都可以借助其他任务，因而变得更有意义和更加清晰。的确，理想的大学或者说大学的功能，就应该是这样。然而，在当下，在大学里，境况却略有不同，不说学生，只说教授。差不多一流的教授都忙着开会、做报告，更多的时间是在天上飞；二流的教授都忙着申报项目、发论文，更多的时间是宅在家里写。他们与学生之间"富有生命的交往"就会很少，那么，所谓"精心培养"出来的学生，能成为"精品"的可能性就会降低，反正教授们都普遍认为学生能顺利毕业就万事大吉了，因为现在的学生，导师看紧了，不是心理出问题，就是身体出问题，也是一个难。

能不能这样想一想，如果在心灵上稍微触动一下，那些大牌的教授少一点去应酬那些无聊的会议，静下心来关心一下学生，说不定也许能解"钱学森之问"；如果还能在政策上宽容一下，让那些非主流的教授们少为申报项目、发表论文而烦恼、发愁，也静下心来关心一下学生，说不定也许能为社会培养出更多的合格人才。然而，谁都静不下来。

实际上，教授们被一种无形的东西困扰着、纠结着，很难进入一种学术的沉潜状态，并且现在愈演愈烈了，甚至有的院校若教授申请不来重点项目都不让带学生了。教授们也真不容易，再遇上一些不争气的学生，就更加犯难了，他们有诸多的苦楚啊。那么，谁来解放现在的大学教育呢？

就不考虑这种不靠谱的事了。要继续说明的就是在大学的叙事中，大楼与大师的讨论由来已久，并且大师比大楼重要这已成定论，因为梅贻琦先生在 1931 年执掌清华时就说过这样的话。但是今天，在一个大师云集的校园里，如果没有大楼，没有必要的实验场所、实验设备，那么大师们将如何一展身手呢？更主要的，在大学里，如果没有大楼就意味着没有钱，没有钱的大学还能留住大师吗？现在有很多大师都奔着大楼去了，只要有钱，就能买来大师。

然而，如果大师之间不合作，还互相拆台，把主要精力都用在了内耗上，就不会做成什么事。所以，一个优秀的团队，既要同舟共济，也要知识互补，要吸引相关专业的优秀人才加入其中，这样才有望出成绩。

　　那么，有没有比大楼和大师更重要的呢？我认为有，就是大爱。马相伯在1912年就任北大校长的演讲时说："大学者，非校舍之大之谓，非学生年龄之大之谓，亦非教员薪水之大之谓，系道德高尚，学问渊深之谓也。"从这里，你会看到，若领导一所大学，就必须有超越技术层面的考虑，"道德高尚"就是一个重要的方向。大师如果失去了大爱，也就离大师远了。所以大师必须有大爱做基础。有了大爱的大师才能成为真正意义上的大师。一般而言，作为一个教师胸中要藏有大爱，这是这个职业的目的性决定的，所谓"大爱铸师魂"就是这个意义。因为一个教授技术层面总有"登峰造极"的时候，因为技术是有极限的，但师德的高尚程度没有顶点。

　　总之，在精致的利己主义泛滥的今天，神圣的大学殿堂也会受到不同程度的冲击。大学教育、大学体制与大学精神都面临着新的质疑和挑战，大学将向何处去？这又会给我们带来新的思考。真心希望我们的大学，能像蔡元培当年改革北大那样，进行一次真正意义上的改革，办出人民满意的高等教育。

献给刚刚踏入校园的大学生

题记：沉潜、创造、酣畅、自由。

——钱理群

有人说，中国的大学教育，基本上是"唯分数论"的考分教育，中学更甚。然而，大学教育与中学教育还有很多不同。就教育目的而言，中学在于传授知识，而大学在于启迪思想。还有人说，中学教育也不一定是传授知识的教育，而是获得高分求得一个好的大学的教育。这些说辞都没有离开教育的功利目的。

在大学，如果一个学生有悟性或者有慧根，在学术上沉潜下来，很快就能寻找到新的兴趣和爱好，然而，在中学不行，中学的学习目的是唯一的。在中学要听老师的话，一定要科科都好，科科不好就上不了好大学。在大学，首先要激发自立、自觉、自省的能力，否则，就会很快在新的竞争场上败下阵来。另外，大学教师与中学教师承担的工作内容不一样。中学的目标是培养高分的学生，能考上好大学。而大学老师除了教学工作之外还有科研，包括社会服务。中学与大学的学习内容、每天摄取的知识量差别也非常大。在大学里面四年下来专业课就要学二十几门，大学知识的含量明显加深了。

一

离开了熟悉的中学时代，踏入一个崭新的学习环境总会有些不适应，甚至有些大学生刚上大学后会有一种幻灭感，因为他们的大学梦过于美好。但大学的集体生活是现实的，四个人或者六个人的寝室，没有空调，去公共食堂、公共浴室，还要自己洗衣服，有时服务设备还不一定好使，这对于家庭条件比较好的城里孩子来说就是一个考验。突然面对大学的集体生活，学生应该在心理上做好这样的准备。

网上也有这样的消息，有些大学生洗衣服困难，经常把脏衣服打包邮回家，等父母洗好后再寄回来。这使我们感到有些大学生一旦离开父母"那双有力的温柔手"，结果就会变得无所适从。因此，有人说中国孩子在 18 岁以后"生活不能够自理"的"巨婴"现象是中国基础教育缺失的一种表现。

中国的父母几乎都面临着这样的尴尬——明知道娇生惯养不好，可是还是下不了让孩子独自锻炼自己的生活能力的决心。比如，孩子上了小学，就有能力锻炼自己去挤公交，而不是上了高中了还要让家长陪送。过于溺爱是培养不出自立的孩子的。孩子应该多在社会场合，进行多方面的体验，体验成长的艰辛，体验生存的平等，不要总是以自我为中心，别人都要为你服务，要养成尊重他人的思维习惯。

在大学，有一种相对自然的生态系统需要人与人之间的自我调整。往往虚拟的社会生态与家庭生态、学校生态不一样，人是一种超强的自组织动物。每个生命主体都需要一种相互协调，或者相互忍让的交往规则。否则，那种绝不忍让、绝不谦让的处事方式就会出现问题或者事件。据某监狱对大学生在押犯的罪名统计，侵犯财产罪、盗窃罪、抢劫罪、诈骗罪、故意伤害罪、故意杀人罪、强奸罪。还有新型犯罪，如走私、贩毒、组织卖淫、利用网络诈骗等，对社会产生了极大的危害。就像曾经读大学的马加爵，极不适应大学里的交往规则，让他"无法容忍到明天"，最终走上了绝路。

在大学，有一种很重要的关系就是如何与同寝室的同学相处。由于大学同学有可能来自五湖四海，地域上的差异带来的生活习惯会有很大不同，包括思想观念、价值取向以及饮食起居等，处理问题的方式方法也会不一样。在同一个寝室里，如果彼此不相容、彼此不友善就可能会酿成惨剧。当然，个人性格的养成更多的是来自家庭或者阶层，一个中产阶级的家庭在当代社会中就是一个比较独立的家庭。马加爵为什么杀同学？一个重要原因就是他是社会的最底层，也最贫困。而另外的几个同学在阶层上都比他高，还有更高的。这种仇富心理和这种忧郁的、自闭的、自卑的性格导致了那样的极端性的结局。

这是中国教育普遍的"独"害——性格孤僻、自以为是，只有自己，任何人都要靠边站的思维。一旦遇到异己，就要出手伤害，这都是极端性格的表现，也暴露了教育的弊端。程革教授说："独生子女的教育，独是什么？独就是珍贵，就是唯一。亚伯拉罕是唯一的，上帝选择了亚伯拉罕这唯一的犹太人，后来亚伯拉罕的儿子也是唯一的，以撒也是唯一的，每个都是唯一的。后代都是唯一的就难以协调，完全以自我为中心，才会导致一个又一个的各种各样的不可思议的事件发生。"如果从根本上解决问题，是要消灭贫富差距，这是时间背后的一个社会因素，当然可能是解决起来比较漫长的。另外现在国家计生委以及相关部门已经意识到"独"的可怕，所以放开了二孩政策，让孩子从小就有与同伴相处的经验，就不至于到了大学过集体生活时那么难以适应。

现在，孩子的别名太多，小太阳、小皇帝、小霸王、小公主等，这些受宠的独生子，从小到大都没有受过什么委屈，到了大学一遇到意见不一致时，就会出现极端事件，甚至触犯法律，成为罪犯。当然，在教育过程中，教育不是体罚，体罚是过激的教育。但是社会应该对体罚给予宽容，有时你会觉得体罚是必要的。

二

恶性事件除了家庭的因素——家庭在教育方面的缺失，或者教育溺爱之外，中学应该在学生上大学之前要有这方面的渗透，甚至在初中阶段（如果孩子在外寄宿）就应该有这样的教育。这就是所谓的衔接教育。

如果在进入大学之前，做一点儿衔接教育，效果就会好一些。

有的孩子从来也没有出过远门，甚至有的孩子从来也没有跟这么多人一起生活过。所以，在一个新的集体中，重要的是要学会与人相处，毕竟寝室不是自家。

　　一个学生在大学里的主要任务还是学习，因此就该给自己的大学生活做好科学地、合理地安排，让自己的大学生活既充实又过得有意义，大学生活实际上是需要规划的。程革教授说："由于人的个体差异不同，划出统一的标准让所有的同学都遵循也不太可能。因为大学是启蒙，是思想的灌输和技能的传授，人生观与价值观的确立要与时俱进。胡适当年（1932 年）在北京大学毕业生典礼上讲了几点——对大学的预期以及该有的结局，将来到社会上要做什么，要有更好的未来。"每个学生的预期肯定不一样，很小的一部分要在大学或研究院继续做学问，这一部分学生应该提早设计自己的专业和阅读范围以及科研目标，尽早进入将来获得的机会就越多。而更多的是走向社会，找工作，寻求别样的人们。因此，在大学四年的生活当中，个人要为以后的出口做好相应的准备，包括心理准备、技能准备、交往能力准备和适应能力的准备等。大学应该是入职场前的实验阶段或者是准备阶段，因此大学也是半个社会。所以，上什么样的大学，就应该想到四年之后应该从事什么样的工作。并且计划得越早，那么对未来的不适应期的适应能力就越好。马英君教授说："衔接教育是必要的。可以就所学专业做预习以提高自己的自学能力。"上了大学要做好规划，将来的想法是出国还是读研，抑或找工作。目标确立以后就要做出相应地努力，包括参加社团活动或者学生会工作，对提高交际能力是有帮助的，还有，不同的大学会有不同的压力，好的大学压力会更大。

三

大学会有各式各样的成长机会，收获不同的人生经历。但学习不能本末倒置，首先要保证不能挂科。大学挂科率往往是很高的。北大、清华这样的名校也有挂科的学生，也有被退回的学生。结业只在一门功课没通过。得不到毕业证的原因就是缺课太多，学习态度不认真。现在很多大学是用这种方式，进教室前要划卡，然后出教室的时候还要划卡，目的就是加强课堂约束。

以往，在大学教室里，经常抢座位是好现象，是学习氛围浓郁的表现。而现在，一个教室谁也不愿意往前边坐，正常第一排绝对是满的，离老师最近的座位是最伟大的座位，而现在的情况是从后面往前坐，只有迟到的同学才能勉强坐在第一排。知识学习遇到了瓶颈期。现在的大学，不在乎挂科的现象也很严重。

在这里，要奉劝各位同学，要调整学习心态，珍惜大学生活。当然，"不在乎挂科现象"有诸多的心理因素。当一个学生考得大学后，若是理想的会做相应地努力，但是考得不理想的就会感到失望。还有其他的因素，比如说在读期间，看到了学校生活当中某些个别现象和自己对大学生活的预期不一样，也会产生各种各样的悲观。

当这种现象发生时，要面对现实，要重新找回希望。要知道，人生遇到挫折是正常的，只有经过一次次的挫折才能取得最后的成功。有失望不可怕，关键是在失望的时候能够保持自己的信念，继续在新的起点上做出努力，勇攀高峰，实现新的飞跃，这才是有意义和有价值的人生。

总之，"少不勤苦，老必艰辛"。大学是一个人梦想起飞的地方，很多人的梦都是在大学铸造的。就像雅斯贝尔斯曾经说过的一句话："大学是研究和传授科学的殿堂，是个体与个体之间富有生命的交往，是学术勃发的世界，每一个任务都可以借助其他任务因而变得有意义和更加清晰。"

祝愿刚刚入学的大学新生，努力勤勉、刻苦钻研、做出成绩，并以此回报曾经养育过你的人、教育过你的人和帮助过你的人。

大学治理的新格局——"管办评"分离

题记：好大学培养出来的学生，有明显的精神印记。大学以精神为最上，有精神，则自成气象，自有人才。

——陈平原《大学何为》

曾经看到一则关于大学归属问题的故事——谁是大学的主宰？谁能承续大学的未来？艾森豪威尔在担任哥伦比亚大学校长时，曾邀请该校教授拉比做演讲。拉比是 1944 年的诺贝尔物理学奖获得者。艾森豪威尔在开场白中客气地说："在众多雇员里，你能够获得那么重要的奖项，学校以此为荣。"但是拉比回答说："尊敬的校长，我是这个学校的教授，你才是学校的雇员。"

大学机制的变革牵扯了越来越多的利益相关者。在国家计划经济体制时期，大学的管理、办学和评价完全由政府来承担。而今，大学治理进入了市场经济时代，办学环境发生了根本性的变化。政府要管教育，学校要办教育，社会要评教育。这就是所谓的大学治理的"管办评"分离。在办学过程中，政府的管理权、大学的自主权和社会的评价权都有不同的责任监督，使大学的质量越办越好，从而构建一种全新的适应新时代发展的大学机制，完成大学对社会的服务功能。

走出象牙塔，把大学放到市场经济体系里，学校和社会的联系就更为紧密。在政府、大学和社会相互作用之下，诸多教育利益的相关者在教育发展过程中都会得到相应地保障，共同参与到学校管理的过程中，使整个教育在三方利益的作用下走出特色，协调互动，共同发展，从而达到供需关系平衡，为国家培养有用人才。陈欣教授说："在大学治理中，政府的职能有直接管理和间接管理两种。在计划经济时期，强调政府对大学直接管理，其实在市场经济体制下应该改变这种传统的管理模式，把具体办教育的权力下放给高校，政府职能的转变应该是从直接管理到间接管理的转变。"在这里，政府的间接管理或者宏观管理，一般来说，是一种政策的指引，方针的制定与方向的把握。但是学校内部的细节管理，就要交给高校自身了。政府要在高校管理上实施规划权，也就是说，把整个高等教育作为一个系统的发展规划，这应当是由政府来做的。同时政府还要提供支持权，不仅是经费上的支持还有包括软硬件的支持，当然，政府还要承担大学间规则的制定，学校自身的发展不要影响他校的建设。

有人说，高校管理就是这样，"一管就死，一放就乱"。这种现象就不限于高校了，社会整个公共领域都存在这种现象。就招生而言，以前是根据国家计划来招生，完全是指令性的、计划性的，大学几乎没有自主权，后来一部分大学拥有自主招生权，但是经常出现的一些问题是，大学到底怎样招来合适的学生？其实，政府的管还是一种方向的引领。如果说方向的引领是正确的话，大学有自身的决定权，那么起初的所谓"乱象"是不可避免的。但是，规范地发展下去就会得到救治。究其原因还是制度的缺失，没有一个完善的合理制度来制约权力，同时缺少有效的规范，使更多的长官意志等权力失范。当制度完善以后，监督就是保障。监管不力是造成很多问题产生的重要原因，政府的管和学校的办，都需要一些监督——社会监督、政府的行政监督或者司法监督，各方面的监督机制跟得上，就不至于乱。

大学应该倡导去行政化。在政府对大学简政放权的情况下，大学办教育应该关注两个方面。一是依法办学，就是依据相关法律，制定大学章程，国外大学都有相关的大学章程；二是要强调民主参与，不能完全靠行政指令，所谓大学的自主办学就是强调大学自治、学术自治。索丰教授说："如果从组织学的观点来看，自主一般包括实质性自主和程序性自主，而实质性自主就是指大学能规定自己组织的目标，能够有权力来选择课程内容和教学方法，能够根据自己的标准来选择教师和学生。程序性自主，是解决如何做的问题，包括大学财务管理、学生政策等。"在1998年颁布的《中国高等教育法》中，大学的自主权其实已经包括自主设置专业、自主调整学科专业比例等权力，以及自主调节招生比例、自主选择教材、自主制定教学计划、自主选择教学方法、考核学生；在研究上，自主开展科学研究、技术开发、社会服务，同时还可以自主进行国际大学的交流合作等。

　　按照大学自身的发展需求，大学拥有自主权，同时也应该承担责任，《中国高等教育法》就是法律的保障。比如说，大学培养的质量问题，这也是世界各国大学都在关注的话题。不管政府、社会给予大学多大的支持，大学都应该办好自己的事——教学、研究以及社会服务等。大学的职能就人才培养方面而言就是教学，大学的贡献是科学研究，大学的效能是为社会服务。社会评价的指标就是大学资源的使用与最后的产出是否成正比。

　　1980 年代，欧美国家兴起了一种学生消费主义，是指大学和大学教师是高等教育服务的提供者，而学生和学生家长是高等教育服务的消费者，把这种消费者的概念引到高等教育里来。教育的服务者、教育服务的提供者需要让消费者满意，也就是国家在 21 世纪初期就正式提出了"办让人民满意的教育"，这也是大学的责任。但现在大学的责任还体现在供需关系上，就是家长把孩子送到大学，也交了学费，寄望孩子通过大学教育成为一个对社会有用的人。但是，往往就业却成为难题。

　　有一种观点认为，大学在享受社会资源，自主权力也得到了相应地保障，就有责任把教育办好，要让"消费者"满意。怎样达此目的，就要强调社会评价——大学培养人才是否符合社会发展需要，是否价值增值，就是说，通过大学教育，知识、技能，以及为人处世态度等方面发展和变化是否让"消费者"满意。至于"消费者"的满意度如何，这要由社会（第三方）来评价。站在公正的立场上，社会评价能够更客观一些，更真实一些。索丰教授说："大学的自主权是政府的给予，但政府对学校的自主管理是需要建立一种规范的监督机制的。以前，大学是一个专业性行会组织，与社会联系比较小。但是，随着大学市场化、信息化等社会变革之后，大学和社会的联系越来越紧密，承载的社会责任也越来越大了。"西方早就强调社会对大学的质量评价。在美国，有认证制度，就是美国高等教育认证委员会，不是政府机构，是民间组织，但是政府要认可这种民间机构。美国高等教育认证委员会有八个地区认证委员会以及若干个专业认证委员会，他们对各个大学进行的认证主要体现在是否具备办学条件，人才培养质量如何等。要得到美国联邦的认可就是社会认证，而不是我们所说的政府的认证，这就是社会评价。这个认证机构是社会的或者民间的认证机构。或者说第三方的一种机构，既不是政府的，也不是企业营利的机构，一般都是非营利的机构，由民间自发，评价是由专业人士来进行评价的，而不是政府找人，都是具有高度专业性、权威性并且能够得到民众认可的非常公正的人员。社会的评价机构不能是高等教育的利益相关者，不能站在某一个利益集团来评价大学教育。要具有客观的权威性，政府认证评价结果，在国外常常受到广泛的质疑。美国、日本都是这样。第三方评价给我们借鉴的地方很多。但我们还一时没有形成这种特别专业的、特别权威的评价机构，因此，要建设第三方评价机构，能够得到大学、社会的广泛认可。

要让社会了解大学，向消费者提供更多的大学信息，包括整个办学理念、教书育人的途径与方法、师资队伍建设、环境设备以及学校未来的发展方向等。大学信息公开了，监督机制也就随之而来了。也就是说,公开的信息要由第三方评价而得出,而不是大学自身的宣传。自身的宣传会有很大的水分,往往展示的都是优秀的一面。大学展示的信息也包括需要发展建设的内容。这样,考生选择什么样的大学,心中有数,从而,为将来的职业规划做好充足的准备。通常,考生竞争的大学才是社会认可的大学,办学也要遵循市场规律。生源多了,那意味着对学校的认可。以往所进行的轰轰烈烈的本科教学评估,其目的是什么?就是要给社会公众一个满意的、真实的大学信息,要让考生明确认识到学校的真实情况。如果政府来评估的话,那会让人误以为不是评估,是有工作检查的意味在里面的。

建立一个良好的社会评价体系对教育的发展是很有益处的,前提是要鼓励社会参与大学的管理,比如说,美国、日本的大学管理机构就有董事会、理事会或者大学运营委员会,会有相当一部分的校外人士参加,并且校外人数所占的比例是有明确规定的。这个组织机构中,他们是负责大学整个方向的,包括大学校长的遴选就有跟大学不相干的社会人士参加,比如说企业的、电视台的。社会群体的介入,大学更能接受社会的评价,学校的供给发展与整个社会的需求应该是联系在一起的。政府、大学还有社会是一个三角关系,在市场规律的作用下,要想满足不同利益集团的需求,首先要求大学的教育是一种开放的教育,就是使不同教育的利益相关者都能够参与学校管理,社会需求什么,通过市场来调节。

大学应该是一个开放性的组织,大学的未来是要办成没有围墙的大学,容纳社会参与到大学管理当中来,以衔接大学与社会的供求关系，加强双方的相互了解，密切融合。由共同利益者组成的评价机构，需要制定一个合理的评价机制。在这方面，国外已经有比较成熟的经验。许多发达国家都已经建立了相对比较完善的评价机制，其中包括专家评议、社会人士评议或者用人单位评议以及毕业生对所接受的教育评议等。这样的社会第三方评价机制，就不怕干涉、不怕影响，客观而公正。

共同参与的大学管理，实际上就是要强调社会第三方评价。索丰教授说："政府对大学评价是反映政府的一种要求，而大学自评是大学自身的一种清醒的认识。大学自身的需求也是利益的相关者所要考虑的评价体系是否符合社会对人才成长的需求。"因此，要经常征求用人单位的意见，反馈信息要充分地反映在大学的教育改革上——社会评价教育，其实一个很重要的目的就是为了大学能够积极主动地适应社会的变化，能够培养出社会需要的人才。

苏格拉底有句名言："我是雅典的一只牛虻，我要不断地叮咬，使其肌体充满活力。"其实，社会评价就像一只牛虻，要不断地叮咬大学，让大学有自身的反省。就目前状况而言，构建大学治理的新格局，就是要重构全新的政府、大学、社会三者的关系，核心的问题还是高校办学的自主权。从1979年苏步青、刘佛年等在《人民日报》上发文，谈高校自主权，到而今，我们还在谈论这个问题，实际上就是没有完全解决这个问题。通过40年的高校改革实践来看，真正做到简政放权、去行政化才能办好未来的大学。

然而，中国毕竟还是官本位，权力的欲望是一个大问题。

陈欣教授说："简政放权后，大学该有怎样的权力，大学如何使用这个权力，还有如何防止滥用权力。"尽管一再强调省级政府教育的统筹权，但是大学自身的内部管理的协调，还是一个相当漫长的过程。

最好的愿景是政府、大学和社会三者关系的平衡。维持这个平衡就能使大学得到良性发展，但发展的前提是要有一种比较规范的监督机制，以防止权力的滥用，保障权力的正常使用。这三方面要结合在一起，不能只强调某一方面，只有相互作用，才能够得到一个好的结果——实现"管办评"分离。分离并不意味不合作，而是动态的协同发展。也就是说，政府、大学和社会到底应当扮演什么角色，发挥怎样的作用，这是分离的重点。

总之，在大学治理中，"管办评"分离是高校改革的目标与新格局，对此许多专家、学者，包括教育行政部门都做了一些积极地探索，我们坚信只要政府、社会、学校共同努力，相信中国的大学会越办越好。

高教强省：利在当代，功在千秋

题记：大学应该和太阳一样，其共同使命就是给人类带来光明。

大学教育是一个常谈常新的话题，在不同的历史阶段，大学都承担着不同的任务和使命。从孔子的杏坛讲学到科举制度的建立以及现代大学的救亡图存，大学都有一种"照亮的意义"。在当下，大学还承担着教育强省的任务。

进入21世纪以来，随着知识全球化社会的演进导致国际竞争日益激烈，高教强省的战略规划，有着深刻的国际背景。许多专家、学者普遍认为大学（高等教育）是社会发展的驱动力，各国都普遍采取了一些措施来强化高等教育的发展。在我国，特别是一些经济社会发展水平比较高的省份，比如江苏、浙江、山东等都相继出台了高教强省这样的规划和措施。

从全面建设小康社会满足人民大众需求的视角看，高教强省不仅是经济社会发展的推动力和重要指标，也是全面建设小康社会和促进区域社会幸福的一项措施。陈欣教授说："现在高教强省所面临的主要任务是为社会培养人才，其整体规模包括招生人数、毕业人数、适龄人口接受高等教育人数的比例等。高校强省既要保证质，同时也要保证量，在全国乃至世界的知名大学中，要有所占比例和重点学科的特色等。高等教育肩负着促进地方经济社会发展的重任，没有教育和科研就谈不上服务社会。"根据社会需要，大学应当有一个培养目标的预设。通过教学改革、课程改革，以及培养方式的改革，来培养社会的合格人才。吉林省推出的"长白山学者计划"就是强省的一个必要条件。计划招聘在国际、国内有影响的专家、学者到吉林省高校讲学任教，为吉林省高校培养人才做贡献。

通过科研技术开发、技术转让、技术改善生产等措施，来实现高校强省的战略任务。李广平教授说："关于技术成果转让，从全国的数据比较来看，吉林省科技成果的转化率也只占一个平均值。从东北三省而言，吉林省比辽宁省和黑龙江省转化科技创新的指标和能力还要相对低一些。这里需要反思高校的科技创新能力如何能够适应吉林省区域经济的发展需要。"

科技创新有原创性的基础研究，也有应用型的技术创新。作为科技成果转化的应用型创新是一种重要的创新能力，而且对于推动经济和社会发展更具有直接性。这就需要省属普通高校以及科研院所加大这方面的投入。有些高校对教师的评价更重视原创性的理论研究，重视论文的发表，对于技术转化创新的评价相对弱一些，所以，在政策上要给予这方面的倾斜，要鼓励科技成果的转化，并将这种研究成果转化为直接的生产力。

从国际背景看，自 20 世纪 80 年代以来，美国、日本等发达国家都非常重视大学和产业的合作，这个合作就是指技术创新、技术转让。政府纷纷出台相关政策（如美国"多贝尔政策"）来促使大学和企业的密切结合，缩短技术转让的时间，创立有效的机制。

对于建设重点学科应该给予政策上的扶持。陈欣教授说："省属高校要扶持的重点学科首先是能够服务地方经济发展的学科；其次是发展基础学科；第三是应用前景比较好的学科。重点学科的建设对促进高教强省对于经济转化和人才培养有重要作用。通过课程教学与研究、科技成果转化来培养学生的研究能力、独立思考能力、批判能力、技术应用能力以及实践的能力，以此真正实现创新能力的发展，并引领社会经济的发展。"为此，这就要求高校走特色化办学之路，或者内涵式发展的道路。教育部明确高校转型——全国大概有 1200 多所本科院校，有一半的高校需要转型，防止"千校一面"的学术性、理论性的追求。办学模式趋同，这是不能适应日益复杂的社会经济发展的需求，吉林省其实在高校转型方面也面临着许多同样的任务，吉林省的很多地方高校都在寻找自身的特色——应用型、技术型，或者高职院校转型。

走特色化办学之路，需要对两方面进行关注，一是要立足于本校的实际，清楚了解自身的优势学科专业，并与产业界有效结合，这是发展的基础；二是本区域内的经济社会发展的一些新兴的专业，要加大投入研究的力度，培养适合本地区经济社会发展所需的人才，走这样的特色之路才能明确自己在做什么。内涵式发展主要体现在质量的提升、效益的提升，包括人才培养、科学研究、技术转让等服务社会发展。

目前，高校的内涵式发展，在培养教育学生的过程中仍然存在不足，李广平教授说："第一个指标，有46%的调查对象反映高校实习实践的教学能力不足，这可能是多种因素造成的——实习实践基地的建设和投入不足，缺乏实习实践的平台，很多教师缺乏实践经验，缺乏指导实践能力的培养，还有实习实践的经费存在严重不足。这就涉及政府的投入和政策的支持，高校内部的重视程度和对于实习实践课程教学开发设计的问题。因此，我们的实习实践要到企业去，要到行业去。第二项指标，就是课程内容陈旧的问题，高校的课程改革势在必行。长期以来的精英教育，主要是以完整的学科发展体系为课程设计的出发点和落脚点。那么，现在的人才需求是综合性的人才，是基于实践的，要缩短这个距离，使课程内容、教学与实践紧密结合。"这是高校工作努力的方向，既要专研于应用，也要围绕实践来梳理课程内容，建构课程体系。以实践为基准参照而设计的一个开放课程，教学就会取得更好的效果。

要实现供给侧改革，当今高校与社会经济发展是脱节的，还没有完全厘清供需关系。大学不是真正了解现在的社会经济发展，包括企业、行业到底需要什么样的人才，以及具备什么样的知识技能和态度等。陈欣教授说："美国、日本等国家经常会有大规模的企业（行业）调查数据，企业会把这些数据一项一项地传给大学，大学才能够根据企业（行业）的需求来做出调整。在这方面，我们做得还比较薄弱，有些研究生也只是学理上的探讨，而企业更多的是纯粹的企业调查。"

在高教强省的战略下，高校首先启动特色学科专业的建设计划，而这需要发表 SCI（一种刊物）论文的数量，争取到的国家或者国际的重大科研项目的数量以及研究成果，促进了地方的经济社会发展的评价指标。李广平教授说："高教强省既要有量化的指标又要有综合的评价量化的指标。科技成果的转化率对地方经济的推动影响程度，通过经济学手段可以得到一定的数据指标。但是科技成果的转化，教育成果的显现都是一项长期的活动，需要不断地跟踪，还存在评价的时效性问题。"同行评价也是一个重要的指标和着眼点，高教强省的显著标志就是经济快速增长、制度建设完善、教育水平提高与文化繁荣昌盛。

高教强省的最终目的是推动社会的经济发展。据史料记载，高校服务社会是始于"世界高等教育史上具有划时代意义"的威斯康西思想——"主张高等学校应该为区域经济与社会发展服务，由此，世界高等教育的职能从教学、科研扩展到社会服务，形成了高等教育的三大职能"。19 世纪 60 年代以来，美国兴起了一种"赠地运动"，由州政府或者州议会来拨付土地建设地方高校（农业和机械的大学），这就是今天美国州立大学的前身。从那以后，美国确立高校要为地方政治、经济、社会服务，这种高校服务社会的理念已经是广为世界所接受。以前人们总是认为经济是社会的事，而教育是高校的事，有点儿风马牛不相及。以前的教育是一种精英的教育，是以学术为中心，以理论创新为中心，对社会经济科技发展的关注度不是太高。随着高教服务社会的职能纳入高教办学理念当中来，特别是 20 世纪 80 年代后高教办学模式的转变，高教作为象牙塔这样的理念也受到了很多批评。因此，高教就把服务于区域的经济发展，服务于区域的教育和科技的发展作为自己重要的使命，由社会边缘进入到社会的中心。这个引领不仅是学术上的创新，还需要结合社会的需要，研究社会的问题，培养社会所需要的人才，通过直接与社会接触互动来进行自己的科学研究与人才培养，也通过这样的研究和人才培养来服务于社会和促进社会的发展。

在教育界也有一个难题（世界各个国家都面临），那就是优先发展高等教育还是优先发展基础教育，谁能更有效地促进地方的经济发展，到现在都没有答案。高等教育着重培养专门人才，而基础教育注重提升国民的基本素质，也就是说，基础教育是为高等教育垫底的。这个问题，不同的国家采用不同的模式。印度就是着力发展高等教育，基础教育相对来说比较薄弱。还有着重发展基础教育的国家，比如韩国、新加坡，高等教育是协同发展的。要探讨基础教育和高等教育对社会贡献的大小这个问题不重要，重要的是二者如何协调发展。

高教强省有自身的发展规律，不是一蹴而就的。但是时间是个问题，如果时间太长，那也许就会丧失很多发展的机遇，因此，在政策支持与经费投入上，既要有一定的前瞻性，又要有一定的时效性。李广平教授说："从历史的角度来看，高教强省对区域经济社会的发展，在新中国成立初期，我们一些国有企业对全国的经济发展做出了贡献，现在吉林省社会经济的发展依靠什么？建设高教强省就是我们重要的依靠，也是企业升级转型、科技创新能力的区域经济发展的核心竞争力。从现实的角度来看，高教强省时间紧迫，建设过程任务艰巨。"为此，要把高教强省建设与我们整个经济社会发展，以及可供我们利用的资源结合起来，完成历史所赋予的高校强省的使命。

总之，高教强省是一项重要的战略目标，需要政府、高校、企业齐心协力，共谋发展。在当今社会模式下，稳步推进高校强省计划，前景是光明的，但需要破解体制和机制上的一些障碍，进一步解放思想，抓住机遇，以更大的勇气和决心来实现跨越。对此，这就需要建设一个"规模适中、结构合理""质量高、效益好"的高等教育体系，以"结构布局、优化合理"的科技创新模式，来促进吉林省社会经济的再次腾飞。

如何打造民办教育顶级管理系统

题记：有人说，人是一个"可教的动物"，这是一个不坏的定义。实际上，只有受过一种合适的教育之后，人才能成为一个人。

——夸美纽斯《大教学论》

成思危先生关于中国教育有个比喻——中国教育就像一只鸟，两个翅膀就是普通教育和职业教育；两条腿就是公办教育和民办教育。要想中国教育走得快，就得要加强民办教育；要想中国教育飞得高，就得要加强职业教育。"走得快"和"飞得高"的比喻无非是想让中国教育发展得更好。近几年，中国的民办教育有了迅猛的发展势头，"走得快"是一个方面，问题是不要"跌跟头"。

一

在理念上，民办教育的管理理念是重在强调"没有个人，只有团队"的工作意识。民办教育最糟糕的状态就是一盘散沙，见利忘义，各自为政。民办教育的考核是以学习成绩为标准的。中高考成绩好，就会得到社会认可，考得不好就会被社会淘汰，因此，分数是生命线。民办学校若想在同行业中脱颖而出，首先就要摆脱公办教育的羁绊，要花一点儿气力选择最好的生源，招聘到优秀教师。

在管理上，民办教育要突破公办教育人浮于事的工作方式，要按重要性工作，机遇就是生存发展的动力。还有时间管理科学化，全体员工形成习惯，坚持下去。一个学校做大很容易，但做强就很难。有人说，民办教育规模扩张的历史机遇期已经过去，现在应该是求内涵式发展的阶段。可是，内涵式发展是学校教育的永恒追求，而规模扩张还未成形。民办教育升学率和就业率永远都是硬指标。在追求课程体系改革和人力资源体系建设方面，要明晰"校企合作、服务行业"的发展战略，变"外延式"发展为"内涵式"发展的管理模式。

要综合有形资产与无形资产的管理效能，学校整体价值的最大化是第一位的，而不是学校利润最大化。因此，学校的文化管理就显得尤为突出——使命、愿景、价值观等的一体化。

管理的最高境界是文化管理，在制定科学化的管理制度与考评指标的基础上，提高工作效率，实现优质教育资源的共享。

目前，人们对优质教育资源的需求越来越大，学校的发展要优先考虑满足学生与家长日益增长的教育需求。公办学校由于历史形成的体制因素，缺乏自身发展活力，导致学校管理的官僚化，沉疴多年，引发学校资源的浪费，因此，提升资源使用效率，达到低成本、高效率是民办学校办学的追求。

在办学经验上，民办学校较公办学校整体上还存在一定的差距，想要缩小这样的差距，民办学校应该解决两个问题——"要有钱"和"用好人"。但"用好人"的前提是"要有钱"，即要保证教育经费的正常运行、保证教师工资、保证教师就近住房以及保证学生的学习环境等。关键的是要打破民办校"家族式"的管理模式，建立现代学校管理的董事会制度。

二

民办教育是在市场经济体制下，因个体教育的需求不同而发展起来的具有本质教育的育人模式。民办教育的形成具有复杂性与多样性的特征。在当今市场上，民办教育的类型有自愿组合型、自主发展型（学前教育、学历教育、业务教育、职业教育、成人教育以及教育出版、教育科技等综合性的教育集团）、资源合作型、兼并重组型、名校拓展型、加盟连锁型等。当然，现在民办教育在发展的过程中，还存在规模小，质量不高，办学趋同等问题。但无论怎样，教育的本质就是使个人的素质和技能得到全面提高。

在当今世界上，只有极少数的几个国家包括中国还有高考。在那些没有高考的国家，每一个想上大学的孩子，都可以选择自己想上的大学、想学的专业。应该说，大学是没有门槛的。大学的文凭也就是一个人的素质和技能的认证罢了，而这个资质的认定要公平、公正，要凭良心，这就要求教师素质的整体提高。

教师队伍是民办学校的一个软肋：好的难引进，引进的难留下，留下的又难管。师资流动性比较大，教学质量也就得不到保障，这给民办学校的办学带来一定的风险。如何规避风险、稳定教师队伍，是民办教育长期发展要思考的问题。

关键是要解决民办学校教师身份的问题，让民办学校教师有归属感，而且退休后待遇与公办教师同等，这是稳定教师队伍的一颗定心丸。这需要政策扶持与制约。教师可在公办校与民办校之间合理流动。公办校教师到民办校任教，也可按停薪留职对待，或双方具体协商而定，反正都是为基础教育服务。凡具备教师资格、与民办学校签有 8 年以上合同的教师，可办理户口迁移手续（北京、上海等）。民办学校教师的"五险一金"应由政府财政购买。政府财政对民办教育的资金投入与公办学校等同，依法落实民办学校师生与公办学校师生具有平等的身份，保障民办学校办学自主权——应具有独立的校园、独立的教学管理、独立的财务核算和独立的法人资格等。要实现学校的"所有权"与"经营权"的分离，投资人与办学者、管理者的分离，各级教育行政部门由直接管理变为间接管理，扩大学校办学的自由空间。

就特定地域来说，民办教育体制改革本质上是一个不同体制此消彼长的过程。也就是说，一个地区如果公办学校大发展，民办学校的发展空间就会相对变小。政府要平衡教育体制，确保民办学校办学零风险。

然而，政策的风险是民办教育办学最大的风险。民办学校的生存和发展与政策息息相关，政策的出台可以催生民办学校兴起，政策的调整也可以使民办学校生存困难，甚至倒闭。还有资金风险，大多数民办学校资金来源有限，主要依靠收取学费滚动发展。一旦资金链出现问题，危机即现。内部管理风险也存在，不少民办学校法人治理结构不规范，决策随意，执行力差，财务内控机制不健全，内部管理不规范。办学质量风险也是至关重要的，如果生源基础差，学生及家长对学校的期望值却很高，那么，质量的低下、特色的苍白与招生宣传形成巨大的反差，民办学校面临的招生风险也是致命的。还有偶发事件的风险，民办学校抗风险能力弱，遭遇突发重大安全事故往往就会是灭顶之灾。

规避这些风险，会使民办教育机构随着自身办学领域不断增多，办学规模会不断扩大，最终必将走上集团化发展的道路。民办教育机构的集团化运作，从外部形式上来看，都有一个集团化的组织架构，从内在的可持续发展来看，要拥有一个想象的共同体。

三

民办教育集团化，简单地说，就是以企业管理的形式来办学，实行董事会负责制和总校长负责制。民办教育集团化的"集团"实际上说的是民办教育的规模问题，但并不是说，民办教育只有形成一定的规模，才能有效益。学校规模加大，是为了降低办学成本，提高办学效能。公办学校有稳定的政府财政来源，而民办学校在发展的过程中，资金往往会成为最大的瓶颈。资金来源出现问题，民办学校就难以发展壮大。

走集团化的办学之路是一种理念，便于经营，也便于占有市场，更有利于克服投资风险。民办教育作为民间资本的一种运营方式，与公办教育相比，唯一的不同就是资金来源不同。企业团体或者个人办教育，其目的是追求一种效益。如何使效益最大化，就是要寻找资源的合理配置，在一定的范围内，形成规模。

用企业的管理方式来管理学校，是否合适？王立善老师说："学校管理的很多理论都来自企业管理。借鉴企业管理的一些理论并不是说全盘照搬，教育有自身发展的一种规律。把企业的科学化管理规律应用在教育上，也会收到意想不到的效果。但学校又不是工厂，并不完全是为了追求升学率，还有学生人格的塑造。企业的经营管理就是生产的经营管理，企业的生产是从原材料到最后出成品，是科学的过程，结果是可以预知的，但教育不是。教育的结果不是产品而是人，有时所谓"成品"并不是我们所想象的那样，人与人之间个性差异大。"如果单纯地套用企业管理，就是"照猫画虎，反类其犬"，教育的最终目标是社会效益，学校要为社会培养有用的人才。

然而，企业注重利润最大化，强调效率，追求短期效益效果，而教育是百年树人，是长期的发展，可持续的发展，而不仅仅是学校的升学率。如果按照企业化管理学校，将会导致只追求眼前利益而放弃或者忽视长远的教育目标，强调短期成就，或者只看考试成绩，而忽视学生的全面发展，这是不合适的。企业的生产经营管理的终极目标是利润的最大化，如何赚钱、如何提高质量、如何扩大再生产。教育的终极目标是社会效益的最大化，不是经济利益的最大化，赚钱的结果也是使社会效益最大化。

有人说，民办教育集团化要有一定规模，这样民办教育才能有所收益。但是，其规模应该随着时代的发展和社会的需求而定，不是无限的。不管规模多大，终极目标仍然要把握住社会效益的最大化。得到社会的认可，才能具备生存空间。如何实现最好的社会效益？实用为主，够用为度。要严格把握人才培养的质量关。无论是什么类型的民办教育——培训型的或者学历型的，为了生存，民办学校都要有自己的培养特点。走内涵发展之路，教育理念和经营理念都要有相应地转变。但是，作为民办教育也是要有利润的，否则无法生存。《民办教育促进法》也有明文规定，民办教育允许有适当的经济效益，赚钱用于学校的办学生长点，正确使用资金，优化经营。

在高等教育中，民办教育、职业教育等更多地强调应用型的人才培养。由于在政策上民办校录取分数低，学生入门简单，毕业生很难出成绩。这样，培养学生就要寻找特色。在这个过程中民办教育相对而言是比较灵活的，能够非常快地找到社会的需求，不是盲目地生产，有需求才有利益，做好供给侧的改革是民办校的使命。

在基础教育阶段，民办学校既要有质量，还要有特色，否则无法与公立学校竞争。然而，竞争是不占优势的。《民办教育促进法》虽然给予民办学校和公立学校同等地位，但是在现实中实际的差距很大。这就使得民办教育一定是独立的，要走特色之路，不要趋同。本来民办教育地处边缘弱势，再与公立学校抗衡无非以卵击石。政策的支持力度关系到民办学校的发展空间。国外的民办教育在基础教育阶段，政府都会有相应的补助，无论是私立还是公立，一视同仁。国内对民办学校的扶持就相对弱一点儿，政策空间和保障相对不足，需要学校自己筹集资金。学费是民办学校资金来源的重要组成部分，因此，民办学校一定要办出特色，才能够吸引学生。据资料显示，在韩国，基础教育阶段的私立学校数量不是很多，因为义务教育是国家的责任，但是在高等教育阶段，韩国的大学80%以上都是私立的，这个比例非常大。在英国，私立学校按学生人数政府要做预算投资。公办学校与私立学校经费划拨是均等的。而大学里的公办校少，民办校多，包括高职都是民办的。在美国，民办大学要比公办大学多。美国的公办学校重点落实强制教育，是普及的教育，一些普教的民办学校就是拔尖子。在我国，大学体制的公办校比私立校多，也在开始收学费。其实，中华人民共和国成立前也有私立大学，后来都退回公办了。民办大学的发展有足够的空间，认可度的转变需要时间。不管公立校还是私立校，旨在育人。

民办教育集团化因个人的积极参与有可能走向家族制、家庭化。这是喜是悲，也不好说。但是由于集团化本身的利益驱使，集团化的财务和后勤一定要安排亲信。真正的集团化，应该是董事会制度。民办教育在教育系统当中要集团化，那真得去家族制。

四

民办教育的理想化总会遭遇现实的纠结，而实际的状况更不容乐观。这个退茧的过程，说明民办教育呼唤有力的政策保证。民办教育的健康发展要遵循民办校的标准化和规范化模式。此所谓政策有保障，建校有标准，监督有机制。有时，我们看到外表光鲜亮丽的学校说倒闭就倒闭了。这就需要整个学校运行要有健全的监督机制，规范化的管理，才能保证良性运转，前提是资金充足。但民办教育指望政府投资是不能的，索丰教授说："因为民办教育是社会力量办学的结果，与国外不同。政府的作用是监管办学质量，监管资金运行情况，进行评估，若不达标还要整改，政府不会给以投入，所谓投入是社会力量的投入。但在基础教育阶段的完全市场化，国家是要有一定的扶持的，因为基础教育关系到国民素质的提高。韩国的教师都是教育公务员，教师待遇等同，这样就能保证教师队伍的稳定性。"实施区域教育共同体可以使教育资源均衡，不均衡就不公平。民办学校要有足够的资金储备，有了钱，就有了一切的可能性。办出特色，才会拥有社会的认可度，才能促进学校的良性发展。

当初的改制校，都是公立学校中的薄弱校，或者说资金筹措比较困难的一些学校。让他们改制的目的是想盘活教育资源，调动社会力量办学，使薄弱校能够健康地发展起来。但是到后来，有一些所谓的名校也参与到了改制校当中来。在南方，这种改制效果的确很好，带动学校的整体发展。一些名校参与改制，建分校或者校中校，因而积累了更多资金，吸引了很多的生源。这种资源的不均衡，严重挤压了社会力量办学的发展空间。这是急需调整的，剥离也是必需的。名校挂名办分校，三年之内需剥离开，另起校名。教师在民办校，按民办教师待遇，要回到公办校，按公办校待遇。剥离是必需的，要独立校舍、独立账号、独立法人。

民办教育走集团化的办学之路，对前景的考量是件难事。不能单打独斗，要取得社会的认可度，争取生存和发展的空间，就必须有一个准确的定位，比如，民办校是对公办教育的补充还是与公办教育齐头并进，共同发展。民办校一定要强调自身的质量和特色，然后才能够保证集团的整体发展。愿景可能是好的，但规避风险又是何等的艰难。

总之，"江山父老能容我，不使人间造孽钱"。多种办学体制的建立为教育事业的发展筹措并盘活了大量资金，在一定程度上缓解了政府的压力，同时也满足了多元化社会的教育需求。进行办学体制的改革，实际上就是打破政府垄断教育的局面，重新分配公共教育的权力，合理配置教育资源，扩大教育供给，解决教育供求不平衡的矛盾，从而实现教育的优先发展。

道不远人
——关于教育发展的深度融合

题记：能正确地提出问题就是迈出了创新的第一步。

——李政道

在很长的一段时间里，我总不能忘怀任继愈先生对中国当前教育现状的担忧；也更不能忘记那著名的"钱学森之问"——"为什么我们的学校总是培养不出杰出人才？"问题到底出在哪里？有识之士与教育专家的共同回答是：不是大学出了问题，而是基础教育出毛病了。

这是对的，我在基础教育领域中摸爬滚打了三十几年，现在来反思"钱学森之问"和反顾自己所走过的教育教学之路，我发现，我们的基础教育的确出了毛病。

一、关于素质教育的再思考

据媒体报道，2009年，教育进展国际评估组织对全球21个国家进行的调查显示，中国孩子的计算能力排名世界第一，想象力却排名倒数第一，创造力排名倒数第五。美国几个专业学会共同评出的影响人类 20 世纪生活的 20 项重大发明中，没有一项由中国人发明。这到底是为什么？北京大学光华管理学院院长张维迎给出了这样的答案："大家的学习目的就是为了考试，应试教育很强，但是创造能力很弱，……我们的教育体系总是告诉我们的学生任何一个问题都只有一个唯一的准确答案。"

这个标准答案首先就把那些想象力丰富和创造能力强的孩子给淘汰掉了，这是基础教育中的素质教育最可怕的一点。尽管素质教育提了很多年，事实上并没有落到实处，基础教育走的仍旧是应试教育，在激烈的中高考大战中，这种现象反而愈演愈烈。

为了迎接改变命运的高考，现在的中学生缺少休息的时间，缺少锻炼的时间，几乎所有的学生都自觉不自觉地卷入到追求学习成绩中。孩子们变成了学习机器，他们的个性和才能不能得到更好地展示。

有人说应试也是一种素质，这对教育来说是怎样的无奈与悲哀，这和当初素质教育提出的初衷是背道而驰的！在题海战术中，在标准答案的束缚和钳制下，泯灭的不只是学生们的学习热情，还有学生的创造力和对科学的探索精神，更不要说身体素质、道德素质。钱老的世纪之问已经证明，这是一种失败的教育模式。这主要体现在以下几个方面：

1.标准答案，培养书呆子

对这种知识领域的呆板，有学者如此感慨：从小学到大学，从博士到教授，都设有绝对不容挑战的"标准答案"，谁违背了这些标准答案，谁就会被判处"死刑"，并且永世不得翻身。原谷歌公司中国区总裁、创新工场创始人李开复也表达了相同的看法，他认为，"该国的教育系统存在'根本性的缺陷'，使得整整一代人丧失了质疑传统思维和创造独特发明的能力"。

所以，这种教育方式的最终结果，必然是培养一批只知死读书、读死书的头脑僵化、机械的书虫，而不是可以应对任何复杂环境和形势的可造就之才。

2. 重理论轻实践，高分低能

无论是中考还是高考，注重纸笔的记忆考试，注重理论轻视实践，引导着学生们走在高分低能的路上。这与国外的教育模式相比存在很大的不同。以美国为例，美国的中学生主要是讲求合作能力、探究能力，是几个人聚在一起共同开发创造，并产生新的结论，不会出现死记硬背的考试。这样的办学模式就会激发学生们的想象力和创造力。

3. 高考变相成为某些学校标榜自我，甚至给一些学校造成违背教育原则、不符合事实的暗箱操作，以抬高自己的可乘之机。

高考是关乎千家万户，关乎民生的大事，也便成了各校办学追求的最高目标。个别学校从高考分数中大做文章，篡改夸张，弄虚作假。特别是优秀生扎堆的所谓重点学校，便借此炒作、虚夸，造成了极不公平的竞争乱象。

那么如何解决这些问题呢？

究其原因，高考的指挥棒决定了今天的局面。必须承认，今天的高考制度仍是这个社会相对公平的一种竞争模式，但不能因为它的相对合理便爱屋及乌，它还有太多需要完备和改进的地方。在"一张试卷一统天下"的局面的今天，我们还可以深化一下高考改革。

1. 改革高考内容。建议国家考试中心编制试卷时要加大理论与实践相结合的内容（可以占 50%）。

2. 改革高考方式。考生可以多次参加高考，选取考生最满意的分数作为升大学的依据（如美国高考制度）。

3. 高考分数可以划分几个等级，比如说 5 分一个档。A 档为 95 分到满分；B 档为 90 — 94 分；C 档为 85—89 分……以此类推（如新加坡高考制度）。

4. 改革报名方式。所有考生可以在社会上报名，考生报名方式与毕业学校脱钩，考生的高考成绩不记录在毕业学校。

5. 改革录取方式。某些大学的自主招生录取办法可以借鉴。例如高考分数由吉林省招生办和考生本人直接联系，只有考生凭借密码才能网上查询，高考分数只给考生本人。这样既可保护考生的隐私，亦可淡化校际的竞争，防范学校的不实宣传。

6. 中国各大学在某个省份的录取人数是固定的，因此，吉林省完全可以改革传统的高考录取制度，采取以上 2，3，4 条的方式，真正落实党的教育方针，促进学校的教育更加健康、全面发展。

二、关于道德教育的再反思

教育本是塑造人的事业，应当以培养自由的人、理性的人、高尚的人为其基本目标。现在的教育既不培养自由和理性的社会公民，也不培养内省修身的君子贤人，而是训练了自私、冷漠、狭隘和缺乏自立自强精神的"半成品"。因为中国老百姓对成功标准评价的异化，已经误导了学生和家长望子成龙的方向。

当今社会人们评价一个人是否成功，不是以一个人的学术成就、专业能力或者其他特长，而是用权利与金钱化的评价标准，中国社会的价值观，正面临着前所未有的考验。

我校高中生在送课下乡的过程中发现农村中学在校园里悬挂的标语牌让人震撼——"血拼进城""高考改变命运""向命运挑战"……在"重利轻义"的思想驱动下，中国的传统文化虽绵延上下五千年，今天却逐渐式微。学校俨然成了一个满足学生个人利益的场所，这和教育本来的追求是背道而驰的。无论是农村还是城市，教育口头上喊的是国家的利益，而实际上学生为了改变命运，摆脱贫困而努力学习，达不到目的的孩子就轻视生命甚至出现自杀的现象。我们社会道德的沦丧已经到了无以复加的地步了。

看看时下的孩子，他们所做的努力，都是在为改变自身命运而奋斗；教育成为关注的焦点，而对学生评价的标准定在学生高分上，老百姓关注的是，重点大学的升学率和名牌大学的升学率。于是，自私、冷漠充斥着校园，家长和学校之间构成了一种利益上的契约关系。

基础教育是人生奠基的阶段，然而在我们的教材中，我们什么都有，唯独缺少的是道德教育。如何把道德教育加进基础教育课程并给予高度的重视，实在是当务之急。

那么如何解决这些问题，使得道德教育得以回归呢？

1. 在基础教育中，增加国学课程，把文以载道落在实处。

2. 学校要多开展社会实践活动，强化道德意识的形成。

3. 建立对学校德育工作的评价体系，加强政府对学校督导工作的力度，每年对学校进行评估，其结果作为评选学校荣誉的标准、任免校长的条件。

4. 建立学校道德教育法案，加强对道德教育法案的执行情况的审查制度，依法追究责任人的责任。

我们知道，儒家教育的核心是人性和道德的教育。儒家的教育从培养一个人的基本伦理和礼仪开始，教人遵守天命，做到诚于中而形于外，知行合一，最终培养出恪守道德品质的坦坦荡荡的君子和贤人，其教育的内涵充分体现了真正的人文精神。在这样优秀的教育理念引导下，历史上曾经孕育出了无数的仁人志士。应当说，没有传统的儒家教育，就没有大唐的文采风流，就没有两宋的雍容华贵和明清的瑰丽多彩，那更不会有灿烂辉煌的中国传统文化。

三、关于专家治教的再认识

教育乃立国之本，国民的素质、民族的精神、国家的发展、社会的进步皆来之于教育。历史的发展从来都是由精英引领，一切精英皆来之于社会教育。教育体制决定人才的培育，是人才辈出还是万马齐暗，归根结底就是体制的问题：由谁治教的问题。

国内学子梦寐以求的北京大学，虽然当今与国外同行，但是与民国时的北大相比，甚至与战时的西南联大相比，都有相当大的差距。西南联大这个世界上最短命的著名大学，短短 7 年的历史，就培养出两位诺贝尔奖获得者、170 多位两院院士和众多学术大师。而西南联大所处的抗战年代，其环境、条件何其艰苦——在茅草屋里上课，在煤油灯下看书，每天还要躲避敌机的轰炸。这种种竟然造就出众多世界一流的人才，其根本原因就是遵从了"教授治校"和"教育家办学"的人才培养规律。放眼现在的基础教育，不读书，不钻研，频频应酬，谋求个人政治前途的校长大有人在，他们缺少的是对教育事业的忠诚，这样的校长很难振兴教育。

为了迎合老百姓追求升学率的需要，吉林省基础教育阶段的学校与学校之间存在的残酷的竞争，竞争甚至不择手段，扰乱了正常的教育秩序。政府所做的各项规定只是限于纸上的文字而已，教育行政部门的不积极作为，放任学校间的不正当竞争,造成了校际的各自为政，导致了吉林省基础教育的混乱局面，阻碍了吉林省基础教育的健康发展。

那么，怎么办?

1. 考核现任校长，让真正懂教育的人走上治校舞台。

2. 制定切实可行的我省教育发展规划（如高考制度、学校评价制度、教师任用制度等）。

3. 加大对基础教育的投入，吸引更多优秀的人才加盟。

四、对高中学段的学科竞赛的新认识

吉林省多年来组织学科竞赛（指高中学段）弊端重重，人为造成的漏洞很大，每年的数学、物理、化学、生物学科竞赛，组织者竟然是民间组织，是各学科的吉林省学会。这个民间组织主要由该学会的秘书长负责，秘书长独断专权，从组织考试到判卷都是秘书长一个人说了算。哪些人评卷，怎样评卷，参加考试者一概不得而知。由于没有监督机制，每年竞赛考试成绩发表之后，学生和家长对成绩都充满质疑。有的告状，有的骂街，造成了一种严重的社会不稳定现象。学校与学校之间，人与人之间彼此不信任，甚者恶语相加。好端端的一个竞赛却变成了血腥味十足的角斗场。这样的现象长此下去，会对学生的品德教育、社会的安定团结带来极坏影响，是潜藏的破坏吉林省秩序的不安定因素，也势必直接给吉林省的教育造成很坏的影响。

所以，希望教育各职能部门一定要慎重考虑，强化管理力度，净化竞赛环境，不要给投机者可乘之机，避免将来可能发生的聚众闹事现象。

那么，如何解决这些问题？

要强化对高中学段学科竞赛的管理力度，过程要公开、透明。取缔现行的由各学科学会秘书长组织的传统方式，改为由政府组织。因为学科竞赛优胜者不用参加高考，直接被北大、清华、复旦、交大等著名大学录取，直接关乎学生个人的利益，因此少数学校和学生为了争得进省队或获得省一等奖的机会，采取各种手段，如权钱交易、友情交易等。最近几年，吉林省科协虽做过一些监督，但力度还不够，因为科协没有执法权。

五、关于建立学校评估机制的新举措

学校评估是对学校价值的有效判断。衡量一个学校的生存价值，包括办学条件和办学水平等，都需要建立对学校的评估机制，通过办学者的自我认识、社会监督以及政府调控等方式，促进和提升学校的全面发展。评估的过程实际上就是检查、督导的过程，是推进和扶持的过程，从而对学校的发展更有力。

1. 教育职能部门要对不同类型和不同层次的学校建立相应的评估指标和评估方式，重在"以评促建、以评促改、以评促管"的原则，把评估工作做到实处。

2. 各级各类学校在政府的大力支持下，要理清办学思路，提高规范化管理，对没有达标的学校，要采取措施，减招和免招。

3. 如教育部成立"高等教育教学评估中心"一样，中小学也要成立"基础教育教学评估中心"，以使基础教育教学工作走向规范化、科学化、制度化和专业化。

总之，蔡元培说："教育者，非为已往，非为现在，而专为将来。"经过一段时间的对基础教育的调查研究和理性思索，本着对基础教育负责任的态度，我提出了对基础教育改革的几点想法和建议。这完全是从基础教育的实际需要出发，从学校办学的生命体验出发而得出的结论。

孔子说："道不远人。"我坚信在教育行政部门的带领下，只要我们不懈地努力，坚持科学发展，实事求是，基础教育的平等、公正和理性的教育愿景就一定能够实现。"长风破浪会有时，直挂云帆济沧海"，愿基础教育事业的明天更加美好！

新世纪的鲁迅教育及其价值取向

　　题记：即使是天才，生下来的第一声啼哭，也绝不会是一首好诗。

——鲁迅

　　进入21世纪以来，鲁迅教育在基础教育中处境尴尬，且微词颇多。这不只是上个世纪末自由主义论者"倒鲁""贬鲁"的影响，也不只是现行中学语文教材不断地削减鲁迅作品的结果。时代差异造成学生的心理隔膜、"教师用书"不能准确反映作品意蕴、教师授课视野狭窄、政治说教成分重等因素，也都使学生难以获得感情的陶冶和美育的启迪。

　　阿尔贝·雅卡尔说："教育是让人觉醒、相遇和交流。"[1]新世纪的鲁迅教育也同样体现这样的目的。其价值取向就是鲁迅

---

　　①阿尔贝·雅卡尔:《没有权威和惩罚的教育》，北京：中国人民大学出版社，2005年版，第41页。

在《文化偏至论》里所阐释的"立人"思想。教育要关注人类社会的进步与人的自由全面发展，因为"每个人的自由发展是一切人自由发展的权利"。[①]然而，"经世致用"的传统文化教育是注重眼前利益的，那就是"分数至上论"，是一种"急功近利"的教育。这与鲁迅所倡导的"立人思想""拿来主义"以及"对国民性的批判"都是背道而驰的。重新阐释新世纪的鲁迅教育及其价值取向，树立正确的鲁迅教育观，是鲁研界以及热爱鲁迅的人们义不容辞的责任。

一、在选编上下功夫

新世纪鲁迅作品的选编问题，正如有些专家所说，是一个重大的学术问题，可以作为专题来研究，需要鲁迅研究界与中学语文界的通力合作。

鲁迅作品的内容是很丰富的，如果总是盯着那几篇"战斗的檄文"不放，当然就会产生一个由"绝望"和"痛苦的希望"交织而成的"黑暗而沉重"的鲁迅。以往在选编上出现的问题就是"选目不妥"与"选篇太多"。就中学鲁迅作品选编的标准问题，钱理群先生提出两点意见：一是要能体现鲁迅思想、文学的精髓；一是要具有可接受性，注意中学生的年龄特性。在整个教材体系中，要有一个接受梯度。比如说初中阶段可多选一些鲁迅关于生命、关于爱和美的感悟的描写与思考，相对明朗

---

①《马克思恩格斯选集》第37卷，北京：人民出版社，1971年版，第189页。

的文字；高中阶段则可选一些更能体现鲁迅最基本的思想，更为严峻，理解有一定难度的文字。①

从钱理群先生的表述中不难发现，作为国内首屈一指的鲁迅研究专家，他自觉地将中学的鲁迅作品纳入一个体系，这也是一个能够体现鲁迅教育及其价值取向的体系。如同世上万事万物都要生存、发展一样，语文教材对鲁迅作品的选编也随着时代的发展而适时地对所选篇目进行了调整，新世纪的调整最大。把不同时期、不同体裁的鲁迅作品都做了精选，反映出新世纪鲁迅教育的总体状况和水平。其中的一部分作品穿越了历史的迷雾，经过了不同时代的考验，其经典性、可感性为不同的教科书编者所认可，如散文和小说的选编《从百草园到三味书屋》《风筝》《孔乙己》《祝福》《阿Q正传》等，它们与文言经典一样，是中华文学宝库中灿烂的瑰宝，应当进入中学教材。杂文的选编，最好是去政治化而重人文精神。鲁迅的杂文谈文学、谈读书、谈文化、谈社会、谈人生的篇目很多，而这些内容对正处于人生观、世界观形成时期的中学生来说是有启迪作用的，但这样的内容在中学课本中很少。

2002年，王富仁先生就"如何看待语文课本中的鲁迅作品"这一问题接受了《语文教学与研究》杂志社记者的采访。王富仁认为鲁迅作品是好懂的，"因为鲁迅的作品里，充满着人性的语言，是与人的最内在的感受结合在一起的，这样的内在感受与

---

①钱理群：《关于鲁迅作品教学的几点思考》，《语文教育门外谈》，南宁：广西教育出版社2003年版，第148页。

儿童感受事物的方式，与普通人感受事物的方式最接近"，"在现代文学中，像鲁迅这样以人性、童心去感受世界的作家不是太多了，而是太少了，这正是对人的基本要求，要从直感出发，而不是从观念出发"。这样的指导或许会提高我们对于选目的认识。

韩石山先生在《中学课本里的鲁迅作品》[1]中认为："作为一个优秀的作家，中学课本上选鲁迅的文章是应当的，只是不应当选这么多，更不应当选那些不宜入选的作品。要叫我说，中学六年，初中选两篇，高中选两篇，就行了。就现有篇目，初中可选《从百草园到三味书屋》《孔乙己》，高中可选《祝福》《为了忘却的记念》。顶多再选一两篇充分说理的杂文。像现在这样一选就是十几篇，是没有道理的，荒唐可笑的。"

其实，鲁迅是不赞同把自己的作品作为中学教材来给未成年的孩子学习的。在1924年1月12日的《晨报副刊》上载曾秋士（孙伏园）的文章《关于鲁迅先生》，文章说："听说有几个中学堂的教师竟在那里用《呐喊》做课本，甚至有给高小学生读的，这是他所极不愿意的，最不愿意的是竟有人给小孩子选读《狂人日记》。他说'中国书籍虽然缺乏，给小孩子看的书虽然尤其缺乏，但万想不到会轮到我的《呐喊》'。他说他虽然悲观，但到今日的中小学生长大了的时代，也许不至于'吃人'了，那么这种凶险的印象给他们做什么！他说他一听见《呐喊》在那里给中小学生读以后，见了《呐喊》便讨厌，非但没有再版的必要，

---

[1]《文学自由谈》，2005年6月22日。

简直有让他绝版的必要，也有不再做这一类小说的必要。我说，《狂人日记》末了明明写着'救救孩子'，那么至少要有孩子的人才有看《狂人日记》的资格，孩子自身何必看他。"正厂在《鲁迅之小说》中说："这正是鲁迅先生底自知，因为《呐喊》在文学史上是很有价值的，在现社会上风行是极危险的。《呐喊》虽然在描写一方面，可以救现在一般文艺作品底只用幻想而不凭经验。可是我们一看《呐喊》底精神和各篇底构造，简直得不偿失。总之，《呐喊》是文学家研究的善本，不是一般欣赏文艺的青年们底读物。"①

《呐喊》不宜于做中学课本，鲁迅说是因为自己对人世的悲观，不愿意这悲观的情绪影响了中学生的健康成长。没有说出的原因，我们还可以推测出对人世的冷漠，甚至绝望。还有，他知道他的小说从艺术上说，不是多么成熟，不过是学习了一些外国小说的技法。一旦思想开放，多读译作，这些技巧，也就不足为奇了。读读可以，若作为中学课本，说不定会贻笑于后人。这固然是鲁迅自谦的说辞。

中学鲁迅作品选编标准的变动，是中学语文教材发展史上的重大事件，是教育界对中学语文学科性质认识的变化过程，同时，彰显时代风貌和社会政治文化特征。随着中学文学教育日益得到重视，"在新世纪里，鲁迅将继续成为人们阅读、思考、研究、言说的对象"，②鲁迅教育也必将是当今乃至今后中学语

---

①《时事新报》副刊《学灯》，1924年3月18日。
②钱理群：《生命的沉湖》，北京：生活·读书·新知三联书店，2006年版，第207页。

文教学中的一个重大研究课题。

二、在解读上要有新认识

阅读的过程应该是学生去晤见作者并触摸其灵魂的过程，是学生默默地与作者进行心灵的对话、获取智慧经验和情感的过程。对于鲁迅的作品，如果少一些揭露和批判的解读，文章可否更趋于本真状态。如《从百草园到三味书屋》就是作者以甜美的欢乐的回忆来反映一颗天真调皮的童心；《故乡》就是渴望纯真的人与人之间的关系；《孔乙己》反映的就是社会变革中小人物的无奈；《雪》是在说明江南的雪已经死掉，而朔方的雪，在孤独的旋转升腾中升华，成了雨的精魂；《祝福》里的祥林嫂，作者叹息女人身世的悲惨在当今社会也有。《拿来主义》谈的是如何正确对待中外文化遗产问题：正确态度是"占有"和"挑选"。"占有"是前提，不"占有"就无从"挑选"；"挑选"是关键，不"挑选"，"占有"就毫无意义；"挑选"的具体做法是"或使用""或存放""或毁灭"。《灯下漫笔》说的是要"争存于天下，首在立人"。我们知道，五四新文化运动最大的功绩是人的发现，新文化战士们最大的愿望是唤起人性的觉醒，为民众争取做人的基本权利。要成为"真的人"，当务之急，"一要生存，二要温饱，三要发展"。①可以看到，鲁迅在他的杂文中所达到的难以达到的批判的广度，以及为人所难以接受的批判的深刻性与尖锐性，

①鲁迅：《忽然想到》，《鲁迅全集》第三卷，北京：人民文学出版社，1981年版，第45页。

正是根源于他的"立人"的理想与彼岸关怀，从而达到与鲁迅及其所处的历史时代的深度契合。

这就是鲁迅作品生命的亮色。钱理群先生说"鲁迅作品是有亮色的"[1]，这亮色来源于鲁迅童年受民间思想的滋养和对人性的体悟，而这些在实际的语文教学过程中却被忽视了。更有甚者，有人竟然认为鲁迅的某些思想与专制主义相关联，否则就不能解释为什么在"文化大革命"中只有鲁迅的著作可以被合法地阅读而出现了"鲁迅走在金光大道上"的文学奇观。这样的曲解与误解，致使许多中学教师和学生"谈鲁色变"。

日本学者竹内好的一段话很有味道："鲁迅是把文学变为一个不断吸纳的终极性'黑洞'，它造就思想家、文学家，不断以各种形态实现自我。但是，他本身具有固定形态，不能被固化为一个对象；它是他自己，同时，它又总是拒绝成为他自己。"[2]这番话启发我们：必须寻找符合"不断释放又不断吸纳""本身不能固化为一个对象"但又"拒绝成为他自己"的解读方式。鲁迅作品的解读应该存在多元认知，要充分尊重接受的主体，并且要降低阅读教学中"分析"的要求。正如《新大纲》所云——"对于阅读，能理解主要内容，体会思想感情，领悟一些表达方法，注意积累语言材料"即可。在解读上，元素主义的分析方式是不可取的，要主张格式塔理论的分析方式——"整体大于部分之和"。

---

[1]《语文教育的弊端及其背后的教育理念——访钱理群教授》，《审视中学语文教育》，汕头大学出版社，1999年版。

[2]张学义：《中学语文鲁迅作品教学的内部规律》，《锦州师范学院学报》，2002年，第3期。

三、要还原鲁迅"人间至爱者"的形象

一个人如果被各种权力话语循环阐释就有可能被人为地神化，失去了本真的状态，成了一尊木偶，让人望而生畏。鲁迅是不幸的，在政治的高压下，他注定寂寞。

在中学，要拉近中学生与中学鲁迅作品的距离，增强中学生对鲁迅作品的兴趣和感悟，认识到鲁迅作品超越时代的不朽价值，更有效地提高鲁迅教育，就要改变当前的教育现状，还原一个真实的鲁迅，认识到鲁迅是一个"人间至爱者"、一个从彷徨中走向战场的人，而不是一尊冰冷的"神像"或是一个天生的"斗士"。

周海婴在《鲁迅与我七十年·再说几句》中记述了这样一件事情。1957 年，罗稷南问毛泽东："要是今天鲁迅还活着，他可能会怎样？"毛泽东沉思了片刻，回答说："以我的估计，（鲁迅）要么是关在牢里还是要写，要么他识大体不作声。"[1]

一个不是神，也不是圣人和完人的鲁迅，他有自身的缺点和局限。过分偏执于对国民性的批判让鲁迅丧失了通往更广泛的领域的途径——没有上升到普遍的人性意义上的批判，也许只是由于他太爱这片土地了，太希望国人能真正过上人的生活。再者，经历过中国历次革命的他，却没有对革命进行彻底地反思，于是竟也真的相信了十月革命的一声炮响。诸多共识，反映了鲁迅对中国传统文化与文学有着最深刻的剖析与最清醒的扬弃。

然而，新世纪里，鲁迅教育是颠覆性的，从一个极端走到

---

[1]周海婴：《鲁迅与我七十年》,上海:文汇出版社,2006 年版,第 318 页。

284 | 寻找可能性　薄景昕教育评论选

另一个极端，即圣化而人化。吴俊说："在很长一段时间里，对鲁迅的解释是过度政治化的。鲁迅这个人当然是一个政治性很强的人，我们完全可以从政治的角度对鲁迅进行阐释和理解。但是，过度政治化的解释，很有可能遮蔽我们对鲁迅所应该或可能有的丰富性的理解。"[1]中学语文教育就走了这样的路，教材和教参总的思路是——这篇作品的主题是什么，即揭露什么，赞美什么；又是怎么写的。教师总要寻找一个终极性的结论。但有时这一套未必能实现，因为在鲁迅的作品中，或者他的思想表现里面，有很多东西是非常曲折的，很难用一种明确的概念、明确的结论去说明。因此，单用一般的政治人物的概念去评价鲁迅的话，是很难获得圆通解释的。我们主张让鲁迅回到鲁迅本身，但现在的"人化"教育又出现了另外的问题，那就是——专提鲁迅缺点，不讲鲁迅精神。

新世纪的鲁迅教育及其价值取向要向"人性化"回归，注重学生人文性的培养和文化底蕴的熏陶，唤醒人的独立精神的存在。因为社会政治文化的发展已进入了和谐发展阶段，需要反思人性，"以人为本"成为当今政治文化发展的主流。对鲁迅作品的解读也不可能再是"口号加大批判"式的解读，要一反常态，进入鲁迅及其作品的本体阅读，就像"人在五四"。

还原历史中的鲁迅之所以重要，是因为在 20 世纪的相当一段时间里，鲁迅被严重地"革命化"和"意识形态化"了，以至于

---

①吴俊：《感受鲁迅的人性和温暖——纪念鲁迅逝世七十周年吴俊教授在"世纪讲坛"的讲演（节选）》,《解放日报》,2006 年 10 月 22 日,第 8 版。

完全掩盖了历史中真实的鲁迅形象，当然也就取消了鲁迅作为中国社会从传统向现代转型过程中巨大的思想存在和文化价值。然而，这种还原的工作，由于研究者个人的立场存在理解与认识上的歧见，因而，也就会存在思想上不同见解间的论争。也就是说，学术界对鲁迅的认识是不完全统一的，还处在一个不断还原，以趋于接近那个历史中真实的鲁迅的过程之中。

四、要继续加强鲁迅教育的普及工作

周海婴说："我提议将 2006 年作为普及鲁迅元年，希望以此作为新的起点，把这一工作持续、有效、深入地开展下去。"① 这一提法已过去好多年，但是，实际的情况是关于鲁迅的普及工作并没有很好地进行。

若从更广的视野来看，假如鲁迅作为一个时代的教育符号有理由有必要走下去的话，则必须给青年人一个有血有肉的鲁迅，要不断增强鲁迅的可感性，可感性是审美教育的基础。影视界可以拍电影、拍电视连续剧，学术界可以搞讲座等纪念性活动。

要继续加强鲁迅教育的普及工作，首先要懂得鲁迅教育的目标是"立人为本"。鲁迅"立人为本"思想的精髓，按照周海婴的说法是"个体尊严和个体意识的觉醒"。个体尊严是代表着现代人的价值理念，这种观念表明每个个体都有充分发展自我、享受幸福的权力，这是天赋人权。而个体意识的觉醒则意味着个体对自我的生存价值的关注与自觉。拥有这种个体意识的人

---

① 周海婴：《鲁迅是谁？》，《文汇报》，2006 年 8 月 13 日。

会自觉地要求自己活出尊严且有魅力。所以，拥有了个体尊严和个体生命的自觉意识，也就拥有了鲁迅所说的"自信力"，而这才是中国的脊梁。其次，还要懂得鲁迅教育的方法是"独立思考""拿来主义"和"韧性的坚守"。要进一步说明的是，要做到"韧性的坚守"，周海婴说，就要面对三个东西：暴力、权力和软暴力。应该说，鲁迅对来自这三个方面的压力是做好了足够的精神准备的，所以，他从来没有向暴力和权力屈服过，更没有被软暴力所腐化和动摇，这在当今更有现实意义。

总之，教育要为学生构建一个理想主义和浪漫主义的平台，当他遇到沉重黑暗的东西时才不至于走向绝对虚无。提倡鲁迅教育就是构建这样的一个平台，因为鲁迅总是以幼者此后"幸福地度日，合理地做人"为使命，不惜自己"背着因袭的重担，肩住了黑暗的闸门，放幼者到宽阔光明的地方去"。[1]鲁迅对自己在历史中的位置有非常明确的自我意识，就是"动植之间，无脊椎和脊椎动物之间，都有中间物；或者简直可以说，在进化的链条上，一切都是中间物"。[2]社会的将来应该属于青年。

然而，现在的中学生真是过于懂得现实了：过早面对世俗丑恶，过早学会世故，缺少精神价值，在现实操行中不讲理想，不讲超功利的信念和律令，对自己没有要求。无论做出怎样恶

---

[1]鲁迅：《我们现在怎样做父亲》，《鲁迅全集》第一卷，北京：人民文学出版社，1981年版，第131页。

[2]鲁迅：《写在坟后面》，《鲁迅全集》第一卷，北京：人民文学出版社，1981年版，第286页。

劣的事情，都不觉得有什么心理障碍。这是教育的价值取向出了问题，这是教育体制带来的严重后果。

许纪霖认为，传统的教育制度，是较具有人文性的。到了现代，所谓现代化本身就是马克斯·韦伯所说的是一个理性化的过程。体现在考试和学习上就形成了一整套价值中心模式，被称为"数字化管理"，应用到教育上，就是最官僚化也最愚蠢的一种管理，越是不懂语文的人越能适应这套东西。[①]因此，在现行的教育体制下，学生成了考试的工具。每一个敏感的中学语文教师，语文课对他来说其实就是一种"异化劳动"，苦不堪言。

教育要启发受教育者，让他们学会自我开发，因为知识的核心就是古希腊的命题"认识你自己"。人虽需要建立与外部世界的联系，但最终还是要落到对自我个体生命的认识上来。蔡元培把教育分成两个层面："现象世界"教育和"实体世界"教育。"现象世界"教育就是德育、智育、体育，服务于国家政治和国家利益，为国家建设培养人才；"实体世界"教育，就是培养人的信仰和信念，培养一种终极关怀。鲁迅教育是属于"实体世界"教育，通过人的自觉学习，由怀疑而选择，最后确立自己正确的世界观。将鲁迅教育及其价值取向纳入作家的整个思想体系中，纳入新世纪中学语文教育的广阔背景下，纳入人的全面发展中，就会形成一种整体关照，并建立起这样的一种观念——在中学进行鲁迅教育完全靠书本是不可能的，还得靠作为一种文化行为的日常教育。

---

① 许纪霖：《清理与反思》，《北京文学》，1998 年，第 10 期。

后　记

　　合上这本论文集，在脑海里忽然又跳出德国著名哲学家雅斯贝尔斯的话：“教育意味着一棵树摇动另一棵树，一朵云推动另一朵云，一个灵魂唤醒另一个灵魂。”美的语言就是无时空感的灵性语言，我觉得这样的温暖而诗意的语言，将会在传递的过程中，因创境而怡人，因功能而生成新的意义。尽管各种体制的力量、资本的力量、工业化的力量、技术化的力量等无时无刻不在消解教育的主题性，然而，我始终坚信不要低估个体在群体中的协作力量，这种力量或许是一种不可思议的存在，因为即使卑微的生命，也有填满拯救世界豪情的可能性。

　　2014 至 2016 年，我在吉林教育电视台主持《高端访谈》栏目。其间，围绕教育的话题，我做了近百场的教育访谈，采访了近二百名教育界、文学界等文化界的嘉宾。本书稿中的部分话题就是源于我在每次采访结束后所写的心得体会。后来又经过这几年的酝酿与沉淀，形成了现在我对教育的基本看法。因个人才识和思维能力的限制，况且又多文字运用上的局促，也只能写到这里。书中观点有的与嘉宾观点相辅相成，成为我立论的基础；而有的观点也会产生碰撞，成为我批驳的靶子。但无论如何，我都要首先感谢他们！感谢他们陪伴我一起走过共同探讨教育的时光和寻找可能性的岁月——因为嘉宾众多，列举起来也难免疏漏，在此就不一一列举了。

在这里，我只想以平和的心态来看待当今的教育，发掘雅斯贝尔斯所说的教育的功能。待到我想去具体整理这部书稿时，还是源于联合国教科文组织发布的一份研究报告——《反思教育：向"全球共同利益"的理念转变？》。报告指出："教育要为人类持续发展承担责任，要以人道主义为基础，尊重人、尊重人格、尊重人类、尊重和平，共荣发展。"见到了这句话，我才想到那句歌词的含义："假若他日相逢，我将何以贺你？以沉默，以眼泪。"这就是所谓的"尊重的教育"吧。

我是一名教师，同时也是一名孤独的理想主义者。无论身边基础教育还是高等教育领域，算而今已有近30年的教龄。时间的沉淀并没有让我对教育产生多么深刻的认识，我自知这是愚钝与浅薄的结果。我只想以笨拙的方式在教育的实践中"寻找可能性"，寻找未曾枯萎的嫩芽与尚可培育的果实，带着希望上路，像清代终生行乞办学的武训那样，不倦地奔走——请给一个人的个性在繁盛的大都会中安放一个合适的位置吧，以使其自足的精神生活在有风的树下得以清心自在。

我坚信，教育应该是美的艺术——"要有光"；同时，教育也应该是慢的艺术——"十年树木，百年树人"。教育的长期性使得教育工作者对教育的期待一直存有耐心。泰戈尔说：

"每一个孩子出生时都带来信息——神对人并未灰心失望。"所以，我想未来的教育就应该是作家眼中的那样，充满温婉与人性，充满理想与色彩，成为教育者和受教育者共同的想象。有时，我曾天真地想，那才是教育的愿景。

有一句话说得很深刻，是自我教育的核心素养拷问："把你在社会上得到的地位、权力、财产、名声都拿走了，你还剩下什么？"如果你还剩下自我觉醒的能力、追求真理的精神以及人文视野和情怀，那就是教育的功劳。学校不只是传授知识的地方，更是人格成长的地方。

有人把教师比作一头拉磨的驴，昏天暗地，一圈又一圈，这是一种出于对重复劳动十分无奈的自嘲说法。而我则把教师比作一个冲浪者，在一个完美的浪潮出现时，甘愿再一次跌入低谷，或者如受罚的西西弗斯推动那块巨石所呈现的力量美一般，这是我的情怀，一个教育工作者寻找的动力——爱与美的结合。我深知，有限的高峰体验也只不过迎合了一种短暂、瞬间、偶然的心理状态而已，但我无怨无悔。我觉得对教育的深情就是那位年轻的教师在高三毕业班的最后一节课所说的那句话："你们再看看卷子吧，我想再看看你们……"

平常与学生聊天时，我总有一句口头禅：幸福的人生就是安心地活过有价值的时间，然后有尊严地死去。对学生"生与死的教育"，也就是人如何生、如何死的考量，一直是我对教育不断地追问，这在我看来，或许也是教育的终极意义——教育，一定要让人懂得生死，或者了悟人为什么生，为什么死。我曾一度执着地寻找教育的可能性，寻找教育的未来，现在才懂得每个未来都是现在，可能性就是确定性。我想我的愿望就是把每一个孩子都培养成读书人，一个也可不用学历证明的读书人——读尽天下最美的文章，写出天下最美的文字。我不知道我的这个愿望什么时候才能够实现，然而，我深知读书人的生命是由健康状况、学养、执着精神、世界观、人生观、生存环境诸方面因素决定的。

美和人性在任何时候都是教育的需要。我希望天下的读书人在文化经典中习得做人的良知、做事的果敢、优雅的表达，以焕发精神的逻辑力量去创新秩序以及文明。

总之，"文章千古事，得失寸心知。"我知道时代在发展，社会在进步，教育还会有诸多的可能性，"照亮的意义"恰是我的追求。正如英国文化学者约翰·斯道雷在《文化理论与大众文化导论》中说："这些年来，我坚持不懈地对本书进行修订与更新，而我做出的最大改进莫过于论述焦点的改换，原因是随着时间的推移，我愈发清楚自己究竟想要写一本怎样的书。"这句话一下子就触碰了我的心灵，我从教这许多年，我也深知我对教育的反思该写怎样的一本书，并且还要不断地学习、补充以求更加完善。

感谢长春出版社给予的支持和朋友们的厚爱，推举之情，将永留方寸。

薄景昕

2019 年 7 月 21 日